発達障害の人には世界がどう見えるのか

井手正和

SB新書
602

はじめに

自分は**「なぜ」**こんな悩み・苦しみを抱えているのだろうか?
あの子は**「なぜ」**このような行動をとるのだろうか?

その「なぜ」の背景にある**科学的メカニズム**を、研究者の立場からお伝えし、発達障害に対する理解を深めてほしい——それが、私が本書を書いた理由です。

「なぜ」がわからないと、人は不安になります。不安を解消できなければ悪循環に陥ってしまいます。逆に、「なぜ」がわかれば、やり過ごす方法や対処のしかたも考えられます。お互いが「なぜ」を共有すれば、コミュニケーションもとりやすくなりますよね。

発達障害で悩む当事者および周囲の人々にお伝えしたいこと。それは、当事者が好き嫌いやわがままでそのような言動をとっているのではなく、**脳機能の特性**によって引き起こされているということです。

では、実際に脳の中でどんな活動がなされ、その活動が発達障害者の方々の**「見えている世界」**にどんな影響を与えているのでしょうか? それを知るには、発達障害者の方々に実験に参加していただき、ＭＲＩ（磁気共鳴画像装置）など脳活動を測定する機器なども用いて細かく調べていく必要があります。

私は現在発達障害者、中でもＡＳＤ（自閉スペクトラム症）の方々の知覚についての研究を行っています。

▪ＡＳＤ者の人々が、五感の刺激をどのような強さで感じているのか？
▪感じやすい・感じにくいといった感覚の問題は、脳のどの領域と関係があるのか？
▪ＡＳＤ者の方々の苦手な行動、得意な行動は何か？

……などを、仮説を立てつつ検証を行い、少しずつ明らかにしています。

発達障害者の保護者からの大きな期待と責任を感じて決意

私が「発達障害者の方々の知覚の『なぜ』を明らかにすることで世の中に貢献したい」と強く思ったのは、大学院を出た直後です。

それまで私は「感覚の統合」というキーワードをテーマに研究を続けてきました。ある日、発達障害者の保護者会とご縁ができ、「保護者会で自分の研究の話をさせてほしい」とお願いしたところ、快諾してくれました。そこでの体験が私の進む道を教えてくれました。

我が子の将来を案じて泣きながら私に語りかけてくださる方々、私の発表した研究成果に大きな希望を見出してくださった方々……私よりもずっと年上の方々が駆け出しの研究者であった私の話を真剣に聞いてくださいました。大きな期待と責任を感じ、「この方々を少しでも幸せにできる仕事をしたい」と思ったのです。

以降、私は、作業療法士さんなど現場の臨床に携わる方々と共同研究をしたり、「世界自閉症啓発デー」に行われるイベントの運営に携わったり、ASD者をサポートするNPO法人と連携したりしながら、研究を進めています。私の人生の進む道を教えてくれた保護者会の方々とは、現在もお付き合いをさせていただいています。

●海外の最新研究事例もふんだんに盛り込み、「見ている世界」を解説

本書では、私がこれまで研究を行ってきた中で明らかになった「なぜ」を踏まえ、さらには海外のさまざまな最新研究事例もふんだんに盛り込み、**「発達障害者の方々が見ている世界」をわかりやすく解説**するよう努めました。

ある保護者の方から以前、

「私が担任の先生に『ウチの子はこういう特性があって、だからその行動をイヤがるんです』といくら説明してもわかってもらえないんです。『なぜウチの子がそうするのか？』という科学的な理由を、周囲の人たちにわかりやすく伝えられる本があったら嬉しいです」

というリクエストをいただいたことがあります。

皆様の発達障害に対する理解に本書が少しでも貢献できたら、著者としてこれほど嬉しいことはありません。

井手正和

目次

第3章

発達障害の人の苦しみを知る

第4章

発達障害の人と共によりよく暮らすには

序　章

発達障害の人と
その周囲の人は、
どんなことで
困っているのか

当事者、周囲の人々の困りごと

≫本人の性格や人間性に問題があるわけではないのに……

自分だけ、いつもと違う道を歩くことができない。
自分だけ、会話の輪にうまく入れない。
自分だけ、給食のほとんどを残してしまう。
自分だけ、同時進行で物事を進められない。
自分だけ、ボール遊びが苦手。
自分だけ、思ったことを言わずにいられなくて、相手を傷つけてしまう。
自分だけ、チカチカする明かりにクラクラする。
自分だけ、暑さや寒さに弱く、体調を崩しがち。
自分だけ、決められた枠の中に文字や絵を描けない。
自分だけ、1つの事に夢中になり、なかなかやめられない……。

「自分だけ、他の人と同じようにはできないな」という悩みを抱え、日々自己肯定感を下げている発達障害者の方は多いと思います。

同様に、「ウチの子だけ、なぜ他の子と同じようにできないの？」という悩みを抱え、将来を案じている親御さんもたくさんいらっしゃることと思います。

「はじめに」でも少し触れましたが、「他の人と違う」と見なされる、発達障害の方々の言動は、**脳機能の特性によって引き起こされている**ことが明らかになりつつあります。

決して**本人の性格や人間性に問題があるわけではありません。**つまり、「わがままだ」とか「我慢しなさい」といった**「本人の努力で何とかしなさい」という対処法で解決する問題ではない**わけです。

≫だからこそ「なぜ」への共通理解が非常に重要

ところが、「人間性や性格によるのではなく脳の特性によるもの」という認識は、当事者・周囲の人たちの双方にまだまだ浸透していません。そのために、さまざまな問題が生じていると私は感じています。

例えば、音の問題。

聴覚の敏感な発達障害のお子さんの中には、クラスメイトがおしゃべりしている教室にいると、耳の中で大きな音が鳴り響き、頭がぐちゃぐちゃになる感じがして耐えられないという人もいるでしょう。けれども、そのような感覚に陥る理由を自分自身が正しく理解していなければ「他のみんなは平気で過ごしていられるのに、自分だけなぜ耐えられないんだろう。自分が弱いだけなのかな？『耐えられません』って先生に言うのは、自分のわがままなのかな？」といった気持ちを抱えながら、ひたすら耐えざるを得ません。

その子の親御さんが理解していなければどうでしょうか。「なぜ他のみんなは座っていられるのに、あなただけできないの？」と叱ってしまうのではないでしょうか。「他の子と一緒に」「普通に」といった言葉を使いながら、愛する我が子を心理的に追い詰めてしまうかもしれません。

また、仮に親御さんが「ウチの子は他の子とはどうやら違う感覚で音を聴いているようだ」とわかっていても、我が子の中でどのようなことが起こっているのかをしっかり理解していなければ、先生など周囲の人に説明するのが難しくなってしまいます。

学校側はどうでしょうか？　その子がなぜその言動をとるのか、背景にあるメカニズムを理解していなければ「そういうわがままは許しません」「特例は認められません」「他の子と同じようにできるよう頑張りなさい」といった対処しかとれないのではないでしょうか？

「防音用イヤーマフ」という、耳全体を覆うタイプの防音保護具があります。もともとは工事現場や飛行場など騒音の大きな場所で、仕事に携わる人たちの耳を守る道具として使用されてきました。その防音効果の高さに注目が集まり、聴覚過敏のある人が大きな音から自分を守るためのツールとして使用され始めています。

もしも当事者とその周囲にいる方たちの間に、

「教室の物音に耐えられないのは本人のわがままなんかじゃなく、その子の脳の特性によるものだよね」

という共通理解があれば、

「イヤーマフをつけることでその子の悩みが解消されるのであれば、教室内でつけた方がいいよね」

というシンプルな解決策にたどり着くことができるはず。ですから、「なぜ」に対する理解がとても重要なのです。

≫発達障害者の多くが感覚の問題を抱えている

詳しくは本章（第1章以降）で解説していきますが、発達障害者、中でも私の研究領域であるＡＳＤ（自閉スペクトラム症）の方々の多くは、感覚の問題を抱えています。

前項では音（聴覚）の問題を取り上げましたが、五感と表現するように、代表的な感覚には聴覚の他に視覚、味覚、触覚、嗅覚などがあります。

例えば、視覚の問題。学校の児童・生徒の中には「学校指定のノートは見づらい」と訴える子がいます。ノートの紙色や罫線の色の濃さによって、すごくまぶしく感じられ、ずっと目にしていると気持ち悪くなってしまうこともあるのです。もしも当事者・周囲の方々に共通理解があれば、「学校指定のノートを使うと気持ち悪くなってしまうのは、その子の脳の特性上仕方のないことだから、目に優しい他のノートを使えばよいよね」で済むはずです。ところが、この共通理解がなければ、「1人だけそのような特例を認めるわけにはいきません」となってしまう危険性があるわけです。

あるいは、味覚や嗅覚の問題。児童・生徒の中には「どうしても給食が食べられない」と訴える子がいます。ほとんどの子にとって大好物のイチゴなどであっても「あのつぶつぶの舌触りがダメなんです」という場合があります。感覚が拒否しているのです。「栄養が偏るから残さず食べるように」とか「生産者に対する感謝が足りない」といった精神論は、当事者を苦しめるだけでなんの解決も生まないのです。

触覚の問題も同様です。洋服の繊維が肌に触れる感触に敏感な子もいます。教室内で1人の子が「体操服がチクチクして痛い」と言ったときに「皆着ているんだから我慢しなさい」と言ってしまっては解決策を見出せません。「ほとんどの子はなんの問題もなく着られている。でも、その子は痛いと感じている」という事実を理解し、その上で「その子にとって最適な対処法」を選択できるようにすることが大事なのです。

こういった現象は、なにも保育園や幼稚園、小学校や中学校など、子どもの世界だけで起こっていることではありません。大人の世界、つまり職場などでも同じように生じています。そして感覚への周囲の無理解は、さまざまな場所・場面で発達障害の方々を苦しめる結果となっています。

ですから私たちは、

「隣の人と私の感覚は基本的には同じ」

ではなく、

「隣の人と私が感じていることは基本的に違う」

という考え方を前提にして、相手を理解する必要があるのです。

当事者、保護者、学校・職場関係者のそれぞれの悩み

さまざまな方に悩みを聞いていくと、それぞれの立場で悩みや苦しみを抱えていることがわかります。

〈当事者〉

発達障害の当事者の方からは、主に3つの悩みを耳にします。

1つめは、**「自分自身の状態がよくわからない」**という悩みです。自分の身体の中でいったいなにが起こっているのかが理解できず、漠然とした不安を抱えている状態です。

2つめは、**「自分自身の状態に自覚はあるが、どう対処すればいいかわからない」**という悩みです。「暑い・寒い」「まぶしい」「音が大きい」などの感覚の問題の対処法については、周囲の理解も必要となってきますが、良い対処法が見出せていない状態です。

3つめは、2つめとも関連してきますが、**「周囲の理解を得られない」**という悩みです。

例えば「膝をすりむいて血が出てしまったので痛いです」といった外傷は、目に見える状態でもあり、絆創膏《ばんそうこう》を貼るといった対処法も確立されているので、周囲の理解が得られやすいと思います。けれども、感覚というのは目に見えないものであり、さらに「なぜそのような感覚が生じるのか？」という原因部分は複雑で、「どうすればいいのか？」という対処法もまだまだ確立されていません。そのため、「自分はこういう感覚で悩んでいる。だからこうしたい」というリクエストを周囲に伝えるのも難しく、また周囲も理解しづらい現状にあります。

〈保護者〉

保護者からは、主に2つの悩みを耳にします。

1つめは、**「自分の子どもがなぜそのような言動をとるのか理解できない」**という悩みです。自分のお子さんが他の子と異なった発言や行動をするのは感じているのですが、その理由がよくわからないという悩みです。「ウチの子はもしかして発達障害なのかしら？」と悩んでいる親御さんの中に、このような悩みを抱えている方が多くいます。

2つめは、**「周囲の理解・協力を得るために戦っているが、その戦いに疲れている」**という悩みです。お子さんの特性をよく理解しており、「こうすれば悩むことはない」とわかっているのにもかかわらず、周囲の理解・協力を得られないという状態です。身近なところでは、お母さんは我が子がストレスなく過ごせる環境をよく理解しているが、お父さん（夫）は違う環境で過ごさせたいと思っており、意見が平行線をたどるというケースです（お父さん、お母さんが逆の場合も、もちろんあります）。夫婦ともに我が子のことを理解しているが、祖父母や親戚が「甘やかしすぎてはいけない」などと口を出してくるケースや、学校の理解・協力を得たいのに「特例は認められません」と跳ね返されてしまうケースなどさまざまです。

〈学校・職場関係者〉

学校・職場関係者から聞く悩みの多くは、**「自分たちの側に余裕がない」**というものです。学校の先生も、職場の上司も、発達障害当事者の方をサポートできるならしたい。多様性が重要なことも理解はしている。とはいえ、現状のやりくりに手一杯で、（これ以上自分たちの負担が増えるのはなあ）という気持ちから、サポートする状況に踏み込めないというジレンマを抱えているようです。

これまで私が研究してきたこと

1つの研究領域にとらわれずに研究

これまで述べてきたように当事者、保護者、学校・職場関係者などが、それぞれの立場で悩みを抱えているわけですが、その悩み解決の一助となりたくて私は研究を続けています。

私はもともと臨床心理学を専攻し、カウンセラーを目指していました。その課程で紆余曲折あり、実験系の心理学に進む選択をしました。その後、大学院からポスドク（大学院博士後期課程［ドクターコース］の修了後に就く任期付きの研究職ポジション）へと進む中で、触覚に関する知覚系の心理学実験、脳画像解析、ミクロな神経細胞レベルの働きの探究、マウスの行動薬理実験など、さまざまな領域に関心を持つようになりました。

そんな中、「はじめに」でも述べたとおり、発達障害者の保護者会で研究発表をさせていただいたのがきっかけで「発達障害者の方々の知覚の『なぜ』を明らかにすることで世の中に貢献したい」という思いが芽生えました。

それから、頻繁に発達障害者の保護者会に足を運ぶようになり、どのようなことにお困りなのかについて話を聞くようになりました。

少しでも「当事者の日常生活の中で生じる困難に直接関係することを研究したい」と思うようになりました。そこでしばしば話題に出ていたのが感覚の問題についてでした。

研究を進める過程で、作業療法の臨床の専門家と連携しようと考えるようになりました。臨床現場で日頃から多くの当事者と関わりを持つ作業療法士とつながることで、当事者が抱える困難についての情報を拾い上げながら研究ができると考えたからです。

そこでは、感覚の問題に加え、運動に関しても当事者は問題を抱えており、感覚の問題と運動の問題には結びつきがあるということを知りました。

このような経緯があり、現在では発達障害者の方々の抱える感覚過敏や発達性協調運動障害に関わる研究を行っています。

1つの研究領域にとらわれずに研究を行ってきた私ではありますが、敢えて専門領域を挙げるならば、**実験心理学**と**神経科学**の2つになると思います。

実験心理学とは、**実験的手法によって心の理解を目指す学問**のことです。「実験によって」という研究手法（＝ＨＯＷ）がポイントで、研究対象（＝ＷＨＡＴ）は、知覚、認知、生理、行動など多岐にわたります。ＭＲＩを使って、発達障害の当事者の方々にご協力いただき、活動中の脳機能を調べることもあれば、遺伝子改変モデルマウスを使って行動の解析をすることもあり、実験内容はさまざまです。

神経科学とは、**脳と脊髄、中枢神経、末梢《まっしょう》神経を含む神経系の研究を行う学問**のことです。神経の構造や働きなどを主な研究の対象とし、「脳がどのように形成され、組織化され、そしてどのように機能するのか？」といったことを調べています。

大学入学以降、私がこれまで興味・関心を抱き、携わってきたことは、私の中では「感覚の統合」、つまり「自分の身体がどのような状態にあるのか？」を探究するというキーワードでつながってはいるのですが、専門性を究める傾向のある研究者の世界ではかなり領域横断的な見方をされているのではないかと思います。

ただ、「専門を究めているか？」よりも「自分の研究が発達障害の方々の幸せに貢献できているか？」という視点を大切にすると、あれもこれも明らかにしたいという思いが高まり、結果として領域横断的にならざるを得ないのです。

誰のため、なんのための研究結果か？

国連は、毎年4月2日を「世界自閉症啓発デー」と定めています。毎年この日から1週間を「発達障害啓発週間」とし、ライト・イット・アップ・ブルーというイベントが世界各地で開催されます。

この期間は世界中の主要な建造物が青いライトで照らされ、発達障害についての理解を深めるためのイベントが行われます。

私の所属する研究所がある所沢でも毎年イベントが行われ、航空公園に展示されている旅客機のＹＳ－11がライトアップされます。私も数年間このイベントに運営協力者の一人として携わり、一般公開シンポジウムの企画を行い、発達障害の啓発に努めてきました。

なぜ私は研究にとどまらず、さまざまな人とつながろうとしているのか？

それは**研究結果を伝えることの重要性を最近ますます感じるようになってきた**からです。

研究は、誰のために行っているのか？

その研究結果を待ち望んでくれる人のために行っています。私の場合でいえば、発達障害当事者の方々、保護者の方々、周囲の方々などです。

研究は、なんのために行っているのか？

研究結果を待ち望んでいる方々に喜んでもらうため、希望を抱いてもらうためです。

せっかくの研究結果が、研究者本人や、学問的に興味・関心のある人たちの範囲内にとどまってしまっては何の意味もありません。

ですから、私は、より多くの人たちとつながりたいと思っています。

例えば、1人の作業療法士さんとつながり、その方に研究成果をお伝えすれば、臨床の現場で研究結果を活用し、発達障害者の方々の生活改善や課題解決に活かしてくれる可能性があります。そして、臨床の現場から活用の結果をフィードバックしてもらえれば、私たちも次の研究に活かすことができます。つまり、良いサイクルが生まれます。

発達障害の分野は、研究と臨床の連携が薄いと感じています。もっともっと両者が知見を交換しても良いのではないかと私は思います。

「もっといろいろな人たちとつながりたい」――これは本書を執筆した動機の一つとなっています。

第1章

そもそも発達障害とは

ケース1

空気が読めず、周りにあきれられてしまいます。
これってもしかして……

――休日の公園に来た母親と息子のA君。保育園のお友達は鬼ごっこをしているが、A君はそれに加わらず、1人で砂遊びをしている。

母親：「ほら、同じクラスの子がもう1人来たみたいだよ。砂遊びはそろそろ終わりにして、みんなと遊んだら？」

A君：「うん（答えるものの、砂遊びは続ける）」

母親：「みんなが鬼ごっこしようって誘ってくれてるよ。行かないの？」

A君：「僕はいいや……」

～1時間後～

母親：「もうみんな帰っちゃったよ。お昼ごはんだから、そろそろ帰るよ……」

A君：「もうちょっとだけ！」

母親：「こんなにすごい穴が掘れたんだから、もういいじゃない？　ほら行くよ」

Ａ君：「ヤダ！　もう少し！」
母親：「もういい加減にしなさい！」
Ａ君：「ヤダ！　ヤダ！」
母親：「さっさと片づけて！　帰るわよ！」（いつもコレ……やっぱりウチの子は他の子となにか違うのかな……？）
Ａ君：「わーん！（号泣）」（僕はただ好きな遊びを続けたいだけなのに、どうしてやめなきゃいけないの？）

――新卒で入社した会社で３か月を過ごしたＡ君。上司と初めての個人面談。

上司：「入社してから毎日がんばっているよね」
Ａ君：「ありがとうございます！」
上司：「まあ、がんばってはいるんだけどさ……」
Ａ君：「はい」
上司：「びっくりするような発言を先輩にしちゃっているよね」
Ａ君：「そうですかね……」

上司：「『先輩、この仕事って本当にやる意味ありますか？』とかさ」
Ａ君：「あ、はい……」
上司：「フツーそういうことは言わないよね。君の同期たちもあきれていたぞ」（いくら新入社員でも常識的にわかるだろ……）
Ａ君：「すみません……」
上司：「あとミスが多いよな、ミスが」
Ａ君：「そうですかね……」
上司：「得意先の社名を間違えたり……『ここだけは間違えるな』って何度も伝えたよね」
Ａ君：「ですよね……」
上司：「相手の名前を間違わないなんて、社会人の基本のキだよね？　それくらい誰でもできるよね？」（そんなこと今さら言わせるなよ……）
Ａ君：「ほんとすみません……」（他のみんなができていることが僕にはできない。僕はフツーじゃないのかな……）

――「空気が読めない　原因」などでネット検索したところ、「もしかして自分は発達障

害なのでは？」と思い始めたA君。勇気を出して発達障害の専門外来を受診することに。

A君：「先生、昔から『自分は周りの人と少し違うんじゃないか』って思うことがときどきあって……」

先生：「そうなんですね。どんなときにそう思いましたか？」

A君：「小さい頃から友達と一緒に遊ぶのが苦手で、いつも1人で遊んでいました。親にもずっと『いい加減にしなさい』と言われてきましたし……」

先生：「そうですか……」

A君：「この前は上司から『フツーとは違う』的なことを言われて、すごく落ち込んでしまいまして……」

先生：「その言葉を聞いてどう思いました？」

A君：「前から自分でも気にはなっていたんですけど、本当にそうなのかもと思うようになって。僕はやっぱり他の人とは違うのかな、もしかして発達障害なのかな、と」

先生：「心理検査で調べることもできますよ。どうしますか？」

A君：「お願いします」

〜診断結果が出る〜

先 生：「検査結果やこれまでのお話を総合すると、Aさんは『自閉スペクトラム症』、ASDと呼ばれる症状の傾向があると考えられますね」

A 君：「エーエスディーですか……」

先 生：「そうです。今は診断を聞いたばかりでショックを受けているかもしれませんが、病気というよりも自分の特性という捉え方をしながら、どう向き合っていくかを一緒に考えていきましょう」

A 君：「ありがとうございます」

先 生：「そもそも、世の中には『フツーの人』なんて存在しませんよ」

A 君：「そうなんですか？」

先 生：「だって一人ひとり違うんですから。私はそう思います。ゆっくりと時間をかけて向き合っていきましょう」

A 君：「そうですよね。これからよろしくお願いします」（診断を聞いてショックは受けたけど、事実がわかって安心もしたな。少しずつ向き合っていこう）

病気→特性
ASD

「ウチの子は他の子と違うのでは？」

「自分は他の人と違うのでは？」

他の人と違う――それは、もしかしたら発達障害なのかもしれません。

では、発達障害とは、どのような定義がされているのでしょうか？

また、発達障害者と呼ばれる人たちには、どのような特性があるのでしょうか？

発達障害者とそうでない人との間に、境界線はあるのでしょうか？

「もしかして……」と感じたときに浮かぶ、発達障害に関するさまざまな疑問に対して、解説していきます。

発達障害の概略

≫知っているようで実は知らない「発達障害」という言葉の定義

最近では、「発達障害」という言葉が世の中に広く認知されるようになってきました。と同時に、「ＡＤ／ＨＤ」という言葉や「アスペルガー症候群」といった言葉を耳にすることも多くなったかと思います。

ただ、それらの言葉の実際の定義や具体的内容をよく知らないまま、耳にしている人も多いのではないでしょうか？

そこで、この章では、

「『発達障害』とは何か？」

「『発達障害』と『ＡＤ／ＨＤ』『アスペルガー症候群』との関係性」

などについて解説していきたいと思います。

≫自閉症、学習障害、注意欠陥多動性障害……さまざまなものを包括する

「発達障害」は、2005年4月に施行された「発達障害者支援法」に記載されています。

これによれば「発達障害」とは、

「自閉症、アスペルガー症候群その他の広汎性発達障害、学習障害、注意欠陥多動性障害その他これに類する脳機能の障害であってその症状が通常低年齢において発現するものとして政令で定めるもの」

（定義　第二条より）と定められています。

つまり、

- 自閉症
- アスペルガー症候群
- 学習障害（LD）
- 注意欠陥多動性障害（AD／HD）

といったさまざまな障害はすべて「発達障害」という言葉に包括されることになります。

発達障害の概略

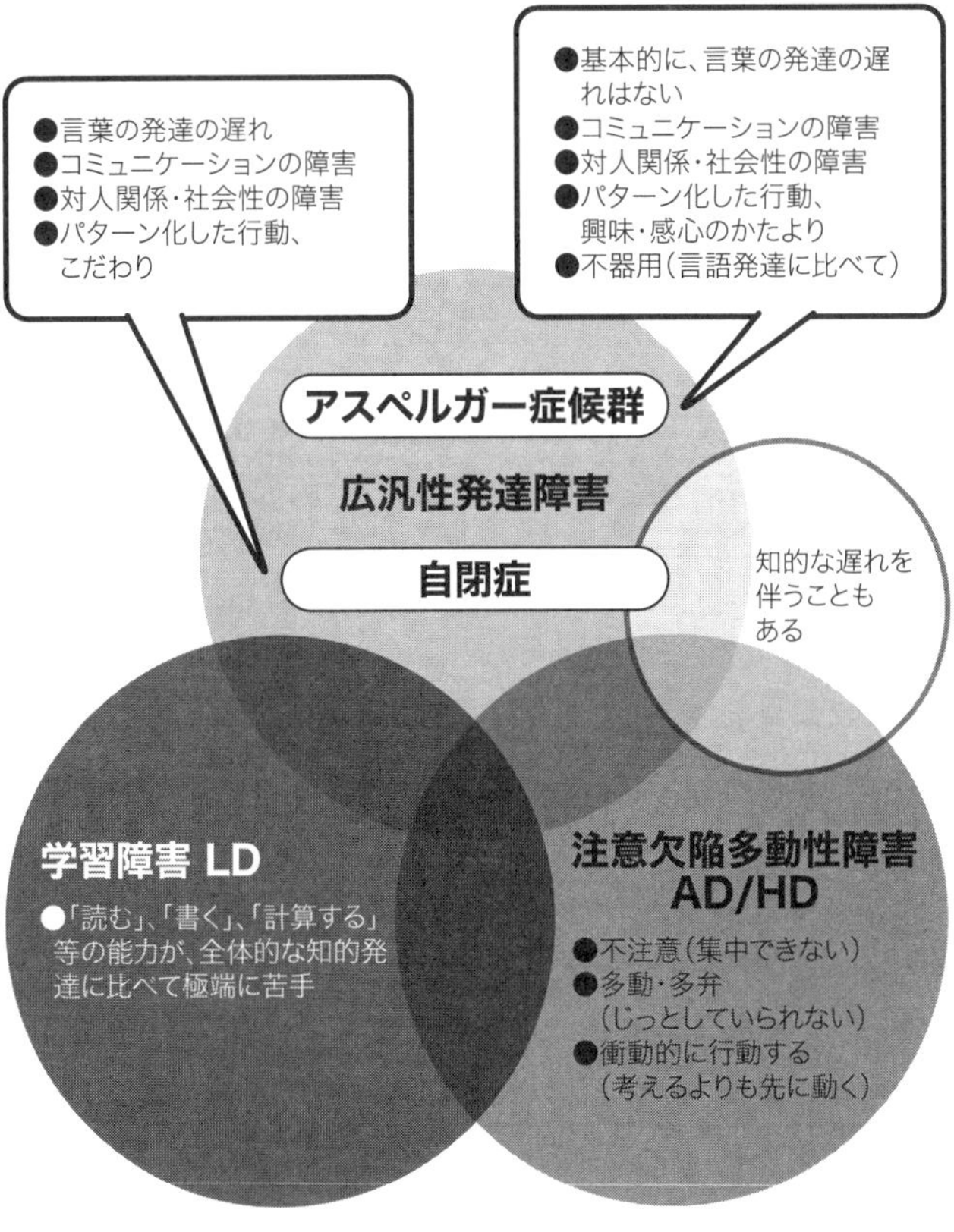
●言葉の発達の遅れ
●コミュニケーションの障害
●対人関係・社会性の障害
●パターン化した行動、こだわり
●基本的に、言葉の発達の遅れはない
●コミュニケーションの障害
●対人関係・社会性の障害
●パターン化した行動、興味・感心のかたより
●不器用（言語発達に比べて）
アスペルガー症候群
広汎性発達障害
自閉症
知的な遅れを伴うこともある
学習障害 LD
●「読む」、「書く」、「計算する」等の能力が、全体的な知的発達に比べて極端に苦手
注意欠陥多動性障害 AD/HD
●不注意（集中できない）
●多動・多弁（じっとしていられない）
●衝動的に行動する（考えるよりも先に動く）

※このほか、トゥレット症候群や吃音（症）なども発達障害に含まれる。

DSM-5になってから広汎性発達障害は、自閉スペクトラム症（Autism spectrum disorder：ASD）と名称変更（47ページを参照）。

国立リハビリテーションセンター　発達障害情報・支援センターHPより

≫各障害の診断名や症状は、どのようなものか？

では、それぞれの障害の特性とはどのようなものでしょうか。発達障害者支援法に定義されている各障害について、診断名や症状を解説します。

あらかじめ述べておくと、最初に解説する自閉症、アスペルガー症候群、広汎性発達障害という名称は、現在ではまとめて自閉スペクトラム症という名称で呼ばれるようになっています。

それでも、診断された時期によって過去の診断名がついている方も多くいらっしゃるので、そうした方々も含めた理解のために、一つひとつ説明していきたいと思います。

■自閉症

自閉症は、次のような特徴を持つ障害で、3歳までにはなんらかの症状が見られます。

- 言葉の発達の遅れ
- コミュニケーションの障害
- 対人関係・社会性の障害

・パターン化した行動、こだわりや興味・関心のかたより

■アスペルガー症候群

対人関係・社会性の障害があり、パターン化した行動、こだわりや興味・関心のかたよりがあるといった特性は、自閉症と共通しています。

基本的に言葉の発達の遅れは見られません。一方で、言語発達と比較すると他の行動に不器用さが見られます。

■広汎性発達障害

前述の自閉症、アスペルガー症候群を含む名称です。その他にも、レット障害（乳児期より外界からの刺激に対する反応に欠け、知的障害などが見られる）、小児期崩壊性障害（問題なく発達してきた子どもが、成長の過程で覚えた能力を突如喪失していき、知的障害を伴った自閉症のような状態に陥る）、その他の特定不能の広汎性発達障害を含む総称です（注：２０１３年まで。その理由は47ページで解説）。

■注意欠陥多動性障害（AD／HD）

ＡＤ／ＨＤと表記されることもあります。注意持続の欠如もしくは、年齢や発達レベルに見合わない多動性や衝動性、あるいはその両方が特徴です。この３つの症状は通常７歳

以前に現れます。
（1）注意力散漫（うっかりして同じ間違いを繰り返してしてしまうことがある）
（2）多動・多弁（待つことが苦手でうろうろしてしまったり、おしゃべりが止まらなかったりする）
（3）衝動的な行動（約束や決まりごとを守れないことや、せっかちでいらいらしてしまうことがよくある）

一般的に多動や不注意といった様子が目立つのは学齢期ですが、思春期以降はこういった症状が目立たなくなるともいわれています。

■学習障害（LD）

全般的な知的発達に遅れはないのに、読む、書く、計算するなどの特定の能力を使って学んだり、行ったりすることに著しい困難がある状態を指します。

■トゥレット症候群（TS）

多種類の運動チック（目をパチパチさせる、顔をクシャッとしかめる、首を振る、肩をすくめるなど、突然に起こる素早い運動の繰り返し）と1つ以上の音声チック（コンコン咳をする、咳払い、鼻鳴らしなどが比較的よく見られ、時には奇声を発する、さらには不適切な言葉を口走る（汚言症：コプロラリア）こともある）が1年以上にわたり続く重症なチック障害です。

このような運動や発声を、行いたいと思っているわけではないのに行ってしまうということがチックの特徴です。通常は幼児・児童・思春期に発症します。多くの場合は成人するまでに軽快する方向に向かうといわれています。

■吃音［症］

一般的には「どもる」ともいわれる話し方の障害です。なめらかに話すことが年齢や言語能力に比して不相応に困難な状態であり、次に示すような特徴的な症状（中核症状）が1つ以上あるものをいいます。

（1）反復（単音や単語の一部を繰り返す）（例：「き、き、き、きのう」）
（2）引き伸ばし（単語の一部を長くのばす）（例：「きーーのうね」）
（3）ブロック（単語の出始めなどでつまる）（例：「………っきのう」）

症状は幼児期に出始めることがほとんどですが、中には思春期頃から目立つようになる人もいます。

幼児期からどもり始めた人の過半数は、学童期あるいは成人するまでに症状が消失したり、軽くなったりしますが、成人後も持続する場合があります。
※各障害の定義に関する解説は、国立障害者リハビリテーションセンター発達情報・支援センターのホームページ（http://www.rehab.go.jp/ddis/understand/definition/）を参考にしています。

〝境界線〟を明確にすることは難しい

ただし、これまで解説してきた障害の〝境界線〟を明確にすることは大変難しいということは理解しておいてください。

理由はいくつかあります。

1つめは、障害ごとの特徴がそれぞれ少しずつ重なり合っている場合が多いからです。例えば、自閉症とアスペルガー症候群は多くの特徴を共有していますし、注意欠陥多動性障害（AD/HD）の方の中にも、学習障害（LD）で見られる特徴（読む、書く、計算するなどが極端に苦手）などが見られることがあります。

2つめは、年齢や環境により、目立つ症状が変わってくるので、診断された時期によって、診断名が異なることもあるからです。

３つめは、個人差の問題。一人ひとりの個性を単純にグルーピングできないのと同じように、「あなたは〝境界線〟のこっち側、あなたは〝境界線〟のあっち側……」などと明確に区分することなどできないからです。

ですから41ページに挙げた「発達障害の概略」の図も、当事者の抱える障害の特徴を理解するために枠組みを明確化して提示しているものだと考えて眺めてもらえれば、と思っています。

≫２０１３年を機に「広汎性発達障害」から「自閉スペクトラム症」に

発達障害の研究はこの概略図で提示されているような分類を参考にして行われています。

私が専門としているのは、「自閉症」「アスペルガー症候群」を総称する「広汎性発達障害」の領域です。実験心理学（実験的に統制された環境下での行動反応を計測することで心の理解を目指す）と神経科学（脳と脊髄、中枢神経、末梢神経を含む神経系の研究）の研究アプローチを軸にして日々研究を進めています。

この私の研究領域である「広汎性発達障害」は、２０１３年頃を機に、**「自閉スペクトラム症（Autism spectrum disorder［ASD］）」**

「広汎性発達障害」から「自閉スペクトラム症」に

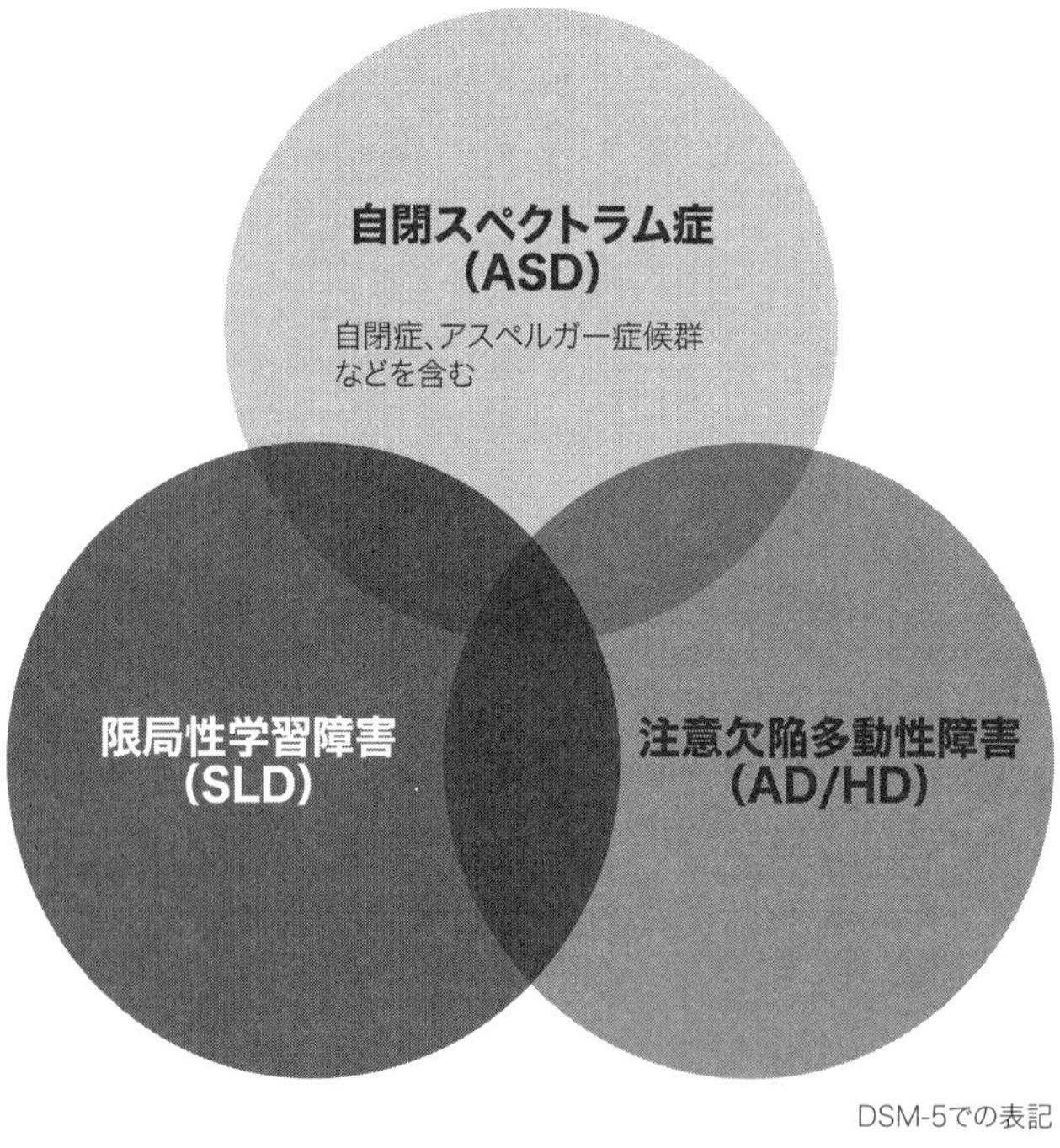

DSM-5での表記

と呼称されるようになりました。

そのきっかけは、米国精神医学会が発行した『精神疾患の診断・統計マニュアル』の第5版（通称『ＤＳＭ－５』）です（アメリカでは２０１３年5月に発行され、和訳版は２０１４年10月に発行されました）。第４版（ＤＳＭ－４－ＴＲ）まで「広汎性発達障害」と呼ばれていた領域が、この第5版で新たに「自閉スペクトラム症（Autism spectrum disorder［ＡＳＤ］）という定義で括られるようになったわけです。

では、ＤＳＭ－５ではなぜ〝自閉スペクトラム症〟という新たな言葉をわざわざ使ったのでしょうか？

そこには大きく2つの理由が考えられます。

1つは、〝スペクトラム〟という言葉に**「一人ひとりの症状を端的なひと言で表現するのは難しい」**という意味合いを込めるためです。

スペクトラムは、辞書で引くと「電磁波、信号、音、光などの成分を分解し、波長の順番に並べたもの」と記載されています。例えば、私たちが見ることのできる光の波長（可視光線）は、およそ３６０～８３０ナノメートル（注：１ナノメートル＝10億分の１メートル）で、紫から赤の色への変化として私たちは認識します。可視光線の範囲より短い波長の光は紫外線、長い波長は赤外線です。同じように異なる波長の光の成分が含まれる虹のように、〝自閉スペクトラム症〟という表現には「個人の症状は多様な側面を含んでいて、それらが集まることによって一人の当事者の症状を形づくっている」という意味があるのです。

もう1つは、〝スペクトラム〟という言葉に**「その特徴の現れ方の強さに大きな個人差がある」**という意味合いを込めるためです。

ＡＳＤの診断に関係する特徴群は、診断を受けていない人（定型発達者）でも見られます。ＡＳＤ傾向が弱めの定型発達者から傾向が強めの定型発達者までが連続的にいて、傾向が強い人はさまざまな理由からＡＳＤの診断を受ける場合もあります。つまり、症状の程度は、はっきりした境界が存在するのではなく、濃淡のあるグラデーションといえるのです。

≫「感覚過敏」「感覚鈍麻」が新たに診断基準に加わった

このようにアメリカで２０１３年に発行された『ＤＳＭ－５』において、それまでの

「広汎性発達障害」という言葉が「自閉スペクトラム症（ＡＳＤ）」という言葉に置き変わったわけですが、その際に診断基準も改訂されました。

では、何が改訂されたのか？　ポイントは、**「感覚入力に対する反応特性」、具体的には「感覚過敏」「感覚鈍麻」が診断基準で重要となった**――という点です。

『ＤＳＭ－５』におけるＡＳＤの診断基準を大まかに示すと、

①　社会的コミュニケーションおよび相互関係における持続的障害

- 社会的やりとりの困難（会話など）
- 非言語的コミュニケーションの困難
- 対人関係を築く能力の発達や維持の困難（行動調整など）

②　限定された反復する様式の行動、興味、活動

- 常同性（反復行動など）
- 限局的な興味
- 同一性へのこだわり（変化への不安など）

の2つにまとめられました。

さらに、②に関しては、**「感覚刺激に対する過敏さまたは鈍感さ、または環境の感覚的側面に対する並外れた興味」**という記載が加わったのです。

この記載が加わったことで、多くの専門家の間に、

「ASDの方々の苦労や悩みを知る上で、感覚過敏・感覚鈍麻を理解することがとても重要だ」

という認識が広まったのです。

≫「感覚過敏」とは?

ASD者の感覚過敏とは、文字どおり「定型発達者（発達障害を持たない人）に比べて感覚が非常に敏感であること」を指します。

例えば、（コロナ禍で使用中止にしているところも多いですが）公衆トイレに設置されているハンドドライヤー。水に濡れた手を突っ込むと風が出てきて、「ゴォー」という音とともに水を吹き飛ばしてくれる機械がありますよね。あのときに出る「ゴォー」という

音は、決して小さな音とはいえませんが、定型発達者の方であればそれほど気になる音ではないと思います。また、あのときに出る風も決して弱い風量ではありませんが、水を吹き飛ばすためのものですから、ある程度の強さでも仕方ないと思いますよね。けれども、ASDの人の中には、あの機械の音も風も「絶対に無理」と感じる人がいます。「突然あの機械の音が鳴ると思うと、恐ろしくて公衆トイレに入るのをためらってしまう」と思う人さえいるのです。

他にも、「ハンドクリームや粘土の手触りが気持ち悪くて触れられない」「照明がまぶしく感じられて目がチカチカする」「少しでも苦手なものが食べ物の中に含まれていると、口にした途端に気持ち悪くなってしまう」といった感覚過敏の例が挙げられます。

感覚過敏および対極にある**感覚鈍麻**は、**本書における最重要キーワード**です。

そのため、

「発達障害の方々が、なぜそのような感覚に陥るのか？」
「生活の中のどのような場面で、つらさや苦しさを感じることが多いのか？」
「一方で、そういった感覚を能力として有効活用できている場面はあるか？」

といったことについて、次章（第2章）以降で詳しく解説していきます。

第2章

最新研究でわかった **発達障害**の人が見ている世界

ケース2

なんだか人と感じ方が違うみたいな気がする。なんでだろう

――新学期の給食時。「いただきます」の後、他の児童は食べ物を口に運ぶが、B君だけは手を動かせずにいる。

お友達：「食べないの？」
B　君：「うん」
お友達：「もしかして……嫌いなの？」
B　君：「う、うん……」
お友達：「え、ハンバーグも？」
B　君：「うん、食べられない」
お友達：「ウソでしょ、ハンバーグだよ！　みんな大好きなのに！　もしかしてコンソメスープも、バナナもダメなの？」
B　君：「全部ダメなんだ……」
お友達：「先生、B君が『全部食べられない』って言ってます」

担　任：「B君、ちょっと苦手かもと思う食べ物があっても、ほんのひとくちだけ口に入れてごらん。『想像と違ってオイシイ』ってなることもあるよ」

B　君：「でも僕、本当に無理なんです」

担　任：「そうなのか……。まあ、少しずつがんばるしかないな」（好き嫌いが多い子だなあ。今まで家庭で甘やかされて育ってきたのかもしれないな）

B　君：「ごめんなさい」（でも、無理なものは無理。味が濃かったり、熱かったり、口の中がヌメヌメしたり……とてもじゃないけど食べられないよ）

――学校からB君が帰宅。迎え入れた母。

母　親：「ど、どうしたの、その傷？」

B　君：「えっ、何のこと？」

母　親：「左の脛《すね》のところ。すごい青アザになってるよ！」

B　君：「あー、ほんとだ。どうしたんだろう……」

母　親：「どこかにぶつけたりしなかった？」

B　君：「あー、そういえば、今日校庭で転んだときに脛を石にぶつけちゃって……」

母親：「こんな状態なのに、『そういえば……』じゃないでしょ！　本当に痛くないの？　なんでこの青アザには気づかないの？」（うちの子は、他の子となにか違う気がするわ。なにが違うんだろう）

B君：「うん、大丈夫だよ」（正直全然痛くないんだよね……やっぱり僕って感覚がどこかおかしいのかな？）

「ウチの子は感覚が他の子より敏感（あるいは鈍感）なのでは？」

「私は感覚が他の人より敏感（あるいは鈍感）なのでは？」

と悩みを抱える当事者や周囲の人が数多くいます。

感覚が敏感か鈍感か――専門的には「感覚過敏」と「感覚鈍麻」と呼ばれており、ASD者の世界を理解する上で現在注目されている特性です。

感覚過敏と感覚鈍麻は対照的な特性ではありますが、中には「両方が同居する」という人もいて、感覚の問題をさらに複雑にしています。

そのあたりのことを詳しく解説していきます。

感覚過敏と感覚鈍麻

≫ASD児の多くが「感覚の問題」を抱えている

ASD児の多くが感覚についての問題を抱えている――それが端的に伝わるイラストがありますので、次ページに掲載しました。

このイラストは、「NPO法人ぷるすあるは」の細尾ちあきさん（本書では以降「チアキさん」と呼称します）が描いたものです。

「NPO法人ぷるすあるは」は、精神科の看護師と医師を中心としたプロジェクトチーム。絵本やウェブサイトなどのコンテンツ制作、普及啓発活動を通して、精神障害やこころの不調、発達障害を抱えた親とその子どもを応援しています。チアキさんは看護師として精神科病棟での勤務経験を経て、地域に密着した精神科クリニックに勤めた経験をお持ちです。ご自身も感覚過敏に悩まされる当事者であることから、ASD児が悪戦苦闘する様子が非常によく理解できるそうです。そのような経歴と感覚をお持ちのチアキさんが描いた

イラスト：細尾ちあき（NPO法人ぷるすあるは）

イラストなのです。

「ハンドドライヤーの風が手に当たると痛い」（触覚）
「人ごみの中から大切な音が拾えない」（聴覚）
「少しでも苦手なものが食べ物の中に含まれていると、口にした途端に気持ち悪くなってしまう」（味覚）
「ハンドクリームや粘土の手触りが気持ち悪くて触れられない」（触覚）
「太陽がまぶしく感じられて目を開けられない」（視覚）

など、五感のあらゆる部分で感覚の問題を抱えています。

2017年のアメリカの調査では、116名のASD児（10〜14歳）の実に92%以上が「感覚について問題がある」と回答しています（Green et al., 2017 におけるADI-R, SSP による評価）。

また、調査規模は小さくなりますが、2009年のアメリカの調査では、18人のASD者（こちらは子どもだけではなく大人も含む）を対象とした感覚の問題の程度を評価する質問紙への回答から、実に94・4%が「感覚過敏に関連する特徴を示した」と報告しています。

このようなことから、およそ9割を超えるほどのＡＳＤ者が感覚過敏や感覚鈍麻といった問題を抱えていると考えられるわけです。

なお、さきほどのイラストには、

「電球のチカチカにすぐ気づく」（視覚）

という場面も描かれています。つまり、ＡＳＤ者の方々は「問題」だけではなく、通常では感じ取ることのできない刺激を感じ取ることのできる高い感受性を持つことがあります。この特徴が時に「素晴らしい能力」に結びつく可能性があるわけですが、このあたりについては第4章などで後述します。

遺伝によるものなのか？　それとも環境によるものなのか？

ちなみに、このようなＡＳＤ者が抱える感覚過敏は、遺伝によるもの（先天的）なのでしょうか？　それとも環境によるもの（後天的）なのでしょうか？

これまでの研究では、ＡＳＤと感覚過敏が高い遺伝率で現れる可能性が示唆されています。

2018年に発表されたスウェーデンの研究結果に、その根拠があります。この研究では、スウェーデン国内で無作為に抽出した1万2625組の双子（一卵性：3586組、二卵性：4429組）の一人ひとりに対して、ASD特性の強さと感覚過敏の強さを測る質問紙に回答を求めました。そして、

「ASDの特性を持つ人と、感覚の問題を抱えている人はどれくらい重なるのか？」

といったことを調べていったわけです。

遺伝因子が強いかどうかを調べるには、「一卵性か？　二卵性か？」が重要となります。まったく同じ遺伝子で構成されている「一卵性双生児」の相関度と、そうではない「二卵性双生児」の相関度を比較することなどで、遺伝要因が大きいのか、環境要因が大きいのかを割り出していきました。その結果として、ASDの特性と感覚過敏がともに生じる割合は約7割だということがわかったわけです。

付け加えておきますと、このスウェーデンの双子の研究では「感覚過敏」については調査されたのですが、「感覚鈍麻」については調査されませんでした。「感覚過敏」「感覚鈍麻」の2つの概念の中でも「感覚鈍麻」という概念の方は、まだ十分に研究の対象として検討が行われていないことがわかっていただけるかと思います。

≫技術革新により「感覚の問題」が明らかにされつつある

２０００年以前までの感覚過敏に関係した海外の論文の多くは、作業療法の分野のものが中心です。作業療法の専門家によるＡＳＤの感覚に関する研究では、特に質問紙や臨床用アセスメントを用いて当事者が示す問題の程度を評価します。評価した感覚特性の程度を統計的に解析し、問題の背後に隠れている要因や、感覚の問題が、コミュニケーション、常同行動、不安といったその他の症状とどのように結びついているかを明らかにしようと試みています。

ところが、２０００年代半ば以降の論文を見ると、実験心理学、神経科学分野の研究者が参入してきたことがわかります。

私もその一人ですが、私たちは実験的な方法を駆使することで、「感覚という他者から捉えにくい側面に関わる症状について理解を深めよう、その特徴の程度を客観的に明らかにしよう」という意志を持って検討を行っています。

では、なぜ実験心理学、神経科学分野の研究者が、実験的な方法を駆使できるようになったのか？

そこに大きな貢献を果たしたと考えられるのが、「fMRI」の技術的進歩です。fMRIとは、MRIのもたらす脳の構造に関する情報の上で、脳活動が起こった部位を推定し、画像として示すものです。それまでは、脳の神経活動によって起きる電磁気現象をMRIで直接検出するのは大変難しく、脳機能をMRIで測ることは技術的にきわめて困難であると考えられてきました。

ところが1990年代あたりから、MRIの信号には小さいながらも脳の生理現象の変化とともに変わる成分があり、それが脳機能活動と関連した信号変化として捉えられることがわかり始めました。

そして、2000年代にはfMRIによる研究が活発になり、認知活動や行動に関連する脳内メカニズムを明らかにする手法として盛んに用いられるようになりました。

例えば、「被験者の手に振動を与えると、被験者の脳の中で触覚の処理に関連する体性感覚野という部位で、どのような神経活動がどの程度の強さで起こるのか？」といったことが評価できるようになったわけです。

このような技術的な発展が背景にあり、現在ではASD者が抱える感覚の問題が以前よりも飛躍的に解明されるようになっているのです。

≫感覚入力に対する反応の違い――感覚過敏と感覚鈍麻

　ここでいよいよ、本書の最重要キーワードである感覚過敏と感覚鈍麻について、より踏み込んで解説していきます。

　まずは、１つめの**感覚過敏**について。辞書などによれば「周囲の音や匂い、味覚、触覚など外部からの刺激が過剰に感じられ、激しい苦痛を伴って不快に感じられる状態」とあります。あくまでも相対比較となりますが、定型発達者と比べ、ちょっとした刺激に反応してしまう状態を指しています。61ページで紹介したチアキさんのイラストは、ＡＳＤ者に非常によく見られる感覚過敏の例です。

　感覚過敏に悩まされるＡＳＤ者は、自分を悩ます刺激を避けようとしますよね。これを専門用語で「感覚回避」と呼びます。「太陽の光がまぶしいから暗いところにいる」「匂いや味が嫌いな料理を口に含むとおえっとなる」といった行動は、感覚回避に当たるわけです。

　次に、２つめの**感覚鈍麻**について。感覚鈍麻では、感覚過敏と一見まったく反対の状態、つまり、刺激に鈍感である状態を指します。例えば、怪我をしても痛みの感覚が鈍いため、そのまま放置していたり、温度の感覚が鈍いため、冬であっても半袖短パンで過ごしていたりするといった行動が見られます。

こうした感覚の鈍さが背景にあって起こってくる行動が、「感覚探求」です。感覚探求では、「周囲の音や匂い、味覚、触覚など外部からの刺激を過剰に受け取ろうとする状態」が見られます。いったいなぜ、受け取ろうとしてしまうのか？

それは、たとえ定型発達者が不快と感じられるようなレベルの刺激であっても「刺激が感じられない」ため、わかりやすくいえば「もっと、もっと」と刺激を求めてしまうからです。

感覚鈍麻のASDの子どもに見られる行動の1つに、「思い切りジャンプし、固い床の上で尻餅をつく」というものがあります。その行動を初めて目にする定型発達者の人からすれば、「そんなにお尻をガンガンぶつけて痛くないの？」と心配になるかもしれません。その行動をすれば、お尻には青アザができてしまうのですが、感覚鈍麻のASD者にとっては「かなり強くお尻をぶつけているのに刺激が感じられない」ため、「どこまで強くぶつければ刺激を感じられるのだろう？」という探究心で

ASD者の感覚処理障害

行動がエスカレートしていくのです。ひどい場合には、頭を壁に打ちつけるといった自傷行為も見られます。

感覚過敏と感覚鈍麻などの特徴をまとめて「感覚処理障害」と呼びます。

縦軸を「感度の高さ」、横軸を「活動性」とした場合、両者の関係は前ページのような図で表すことができます。

つまりASD者の方々は、

- **感覚が過敏　↓　だから刺激を避けたい**
- **感覚が鈍い　↓　だから刺激を求めて身体を痛めてしまう**

のどちらかまたは両方に悩んでいる可能性がきわめて高いのです。

感覚過敏と感覚鈍麻の両方に悩む人が大半

ここで「?」と思った読者もいらっしゃるのではないでしょうか?

「感覚過敏か、感覚鈍麻、どちらかで悩んでいるのは理解できる気がするが、感覚過敏と感覚鈍麻の両方で悩むということはあるの?」

と。

実際は、あるのです。感覚過敏と、その対極に位置する感覚鈍麻。その両方で悩んでいる人もいます。

アメリカ人の研究者Tomchekを中心として行われ、２００７年に発表された研究では、２８１名のＡＳＤ児の保護者、２８１名の定型発達児の保護者、計５６２名を対象に調査を行いました。

その結果、83・6％のＡＳＤ児が短縮版感覚プロファイル（発達障害、特に自閉症スペクトラム障害のある方などに有用な検査。38項目で構成され、独自のセクションで感覚を測れる）の合計スコアで平均値より大きく外れた高い得点を示したのに対し、定型発達者でその得点を示したのはわずか３・２％にとどまっています。

注目すべきは、ＡＳＤ児が聴覚過敏（77・６％）、触覚過敏（60・９％）、味覚・嗅覚過敏（54・１％）というきわめて高い結果を示したのと同時に、感覚鈍麻に関係するスコアで86・１％のＡＳＤ児がきわめて高い得点を示したことです。

つまり、**「一人の中に感覚過敏と感覚鈍麻が同居する」**ということがわかってきたのです。

ＡＳＤ者の感覚過敏に関しては、周囲からの理解は（あくまでも比較論ではありますが）得られやすいかもしれません。けれども、そのＡＳＤ者に感覚鈍麻の特徴が共存していたら……？　「そんなはずはない」と思い込んでしまい、感覚鈍麻からとっている行動に対して「勘違いでは？」「ただのわがままでは？」などと決めつけてしまう危険性があります。

一見矛盾しているように感じられる行動であっても、感覚過敏と感覚鈍麻が同居する本人にとってはきわめて自然な行動である――周囲の人間は、その可能性を否定しないようにすべきなのです。

本書で再三述べてきたように、感覚の問題には個人差があります。少なくとも

- **感覚過敏だけが見られる人**
- **感覚鈍麻だけが見られる人**
- **感覚過敏と感覚鈍麻の両方が見られるが、感覚過敏の方が顕著に見られる人**
- **感覚過敏と感覚鈍麻の両方が見られるが、感覚鈍麻の方が顕著に見られる人**

の少なくとも４つに大別できますし、その割合や度合いも人それぞれ。本書を通じて「ＡＳＤ者にはこのような傾向がある」といったお話はしていきますが、**「十人十色。一人ひとりで異なる」**という大前提の上での解説であることはご理解いただければと思います。

≫そもそも感覚とは？

さらに「そもそも感覚とは何か？」というお話をしておきます。

感覚とは何か？　それをわかりやすく説明するために「見たものが私たちの意識にのぼるまで」（視覚）を例に取り上げます。

私たちが何かを目にしたとき、基本的に次のようなプロセスを踏んでいます。

①　眼球という受容器で受け取った刺激が脳に到達し、要素ごとに分解される（入力）

（角度、明るさ、奥行き、色、動きの方向などをそれぞれ別の要素として受け取る）

←

②　刺激の要素からイメージを形成する（知覚）

（角度、明るさ、奥行き、色、動きの方向など別々の要素がイメージとして意識化され

る）
↓
③　刺激のイメージについて詳細な分析を行う（認知）
（刺激の中の特定の部位に注意を向けたり、ある物体が持つ色の明るさと他の物体が持つ明るさを比べたりして、「まぶしい」などの印象を持つ）
↓↑**（③と④は同時、もしくは状況に応じて逆になる）**
④　一連の刺激に対して、情動的な意味が与えられる（情動・感情）
（刺激に反応して発汗や心拍の上昇、呼吸数の増加といった生理的変化が起きたり（情動）、情動に関連して安心・恐怖、好意・嫌悪などが湧き起こったりする（感情））


では、この①〜④において、感覚はどの部分に関係するのでしょうか？

「①〜④のすべてに関連する」が正解です。

感覚過敏で、周囲の人が気にならないような蛍光灯の明かりであってもまぶしいと感じてしまうとき、まぶしさによって生じる不快な印象は、その刺激に対して強く注意が引きつけられてしまう「認知」の働きが関係するかもしれません。しかし、その根本には多くの人にはまぶしく感じられない程度の光でも明るいと捉える感度の高さが関係し、この感度は「知覚」に関係しています。

また、その蛍光灯のある空間に立ち入ると動悸がしたり、立ち入ることに恐怖を感じたりする場合、「情動」や「感情」が関係しています。

知覚、認知、情動、感情は、その1つだけを取り上げても学問分野が形成されるような、さまざまな要素を含む概念です。感覚は、それらの概念すべてにまたがる概念なのです。

感覚過敏、感覚鈍麻という言葉も、「感覚過敏とは、つまりこういうことですよね」「感覚鈍麻とは、つまりこういうことですよね」とひと言で簡単に定義できるものではなく、多義的で曖昧であり、今後の研究の余地が大いにある言葉なのです。

ケース3
いろんなものがひょっとして他の人と違って見えるのかな

――図画工作の授業は、小学校の近くにある動物園で動物の写生をすることに。ライオンの檻《おり》の前でもくもくと絵を描く作業に熱中するC君。

先　生：「上手ねえ。檻の前にある木から書き始めているのね」
C　君：「木の緑が生き生きしていて」
先　生：「すごくよく観察しているわね、枝の細かい部分まで。絵を描くのが好きなの？」
C　君：「はい。大好きです」
先　生：「完成が楽しみね」
～しばらくして、学校に戻る時間に～
先　生：「これから学校に戻ります。みんな、動物はうまく描けたかな？」
児童たち：「はーい」
先　生：「どうC君、ライオンはうまく描けたかしら？」

Ｃ　君：「できました」

先　生：「あら、ずいぶんライオンが小さいのね」（ライオンを描こうとしていたのではなかったのかしら……）

Ｃ　君：「そうですか……」（ライオンはこのくらいの大きさだと思うんだけど。なにがいけないのかな）

――学校から帰宅したＣ君。母親が、切り分けたケーキを、大きさの違う３つのお皿に分けて出す。

母　親：「はい、おやつの時間ですよ」

Ｃ君・弟：「ワーイ」

弟　：「あーっ、お兄ちゃんのケーキの方が大きい！　取り替えて！」

母　親：「どれも、みんな、同じでしょ」

弟　：「違うもん。お兄ちゃんのだけ、ずるい。取り替えてくれないなら、ボク、いらない！」（あの小さいお皿のケーキが一番大きいよ……）

母　親：「そうかしら」（確かにちょっと大きさが違うかな）

Ｃ君：「いいよ。交換しよう。こっちがいいんだね」（同じ大きさだと思うんだけどな）

さまざまな研究により、定型発達者とＡＳＤ者では「見ている世界」が違うことがわかってきました。

見ている世界の違いを生んでいるのは、脳の特性です。この脳の特性により、ＡＳＤ者には「木を見て森を見ず」の観点で情報を処理する傾向、周辺情報に惑わされずに情報を処理する傾向などが見られます。

定型発達者からすれば、

「なぜそのような行動をとるのかわからない」

「なぜそのようなコミュニケーションをとるのかわからない」

といった謎も、ＡＳＤ者の脳の特性を科学的に知ることで、理解が進んでいきます。

脳の働きがカギを握る

≫ＡＳＤ者の感覚を明らかにする手がかりの1つ、それが「錯視」

これまで述べてきたとおり、感覚過敏・感覚鈍麻は今後の研究の余地が大いにある特性です。とはいえ、さまざまな研究を通じて、「定型発達の人たちが見ている世界」と「ＡＳＤの人たちが見ている世界」との違いが、感覚の面から徐々に明らかになりつつあります（何度も念を押しておきますが、ＡＳＤ者の個人差は当然存在します）。

その手がかりとなるのが「錯視」です。

錯視とは、視覚による錯覚のことで、明るさ、色、大きさ、長さ、形、方向、奥行き、運動などの錯視があります。

皆さんがよくご存じなのは、「右の○と左の○は、本当はまったく同じ大きさなのに、全然違う大きさに見える」「右の棒と左の棒は、本当はまったく同じ長さなのに、全然違う長さに見える」といったものだと思います。

つまりは「視覚的に騙されてしまう」「勝手に想像してそう見えてしまう」というシチュエーションなのですが、定型発達者が「騙されてしまう」「そう見えてしまう」のに対して、ＡＳＤ者では時に「騙されにくい」「そうは見えにくい」ということがわかってきたのです。

ネッカーキューブの見え方が変わらないのはなぜ？

その1つが「ネッカーキューブ」における見え方の差です。

ネッカーキューブとは、スイスのルイス・アルバート・ネッカーによって１８３２年に考案された、錯視の立方体です。この立方体では、立方体を構成する前面の線と後面の線がどちらも見えているため、どちらが手前かわかりません。そのため、次ページの図で示すように、下の2つの図で薄い線で描かれた2つの見方ができるようになっています。

このネッカーキューブを定型発達者が目にした場合、すべてが黒い線で描かれた上の図を見たときには人によって解釈が分かれます。ある人は、「Ａの角が手前（自分に近い位置）にある」と答えるでしょうし、別の人は「いや、Ｂの角が手前（自分に近い位置）にある」と答えるでしょう。どちらも〝正解〟と言えます

ネッカーキューブ

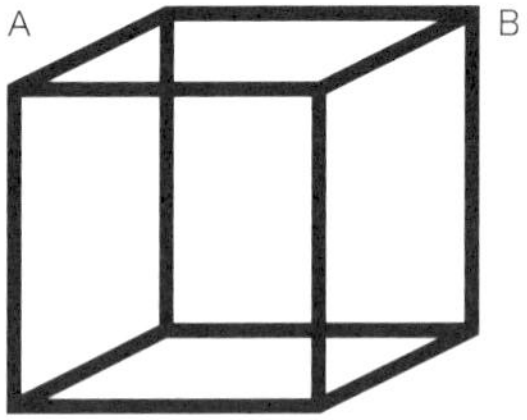

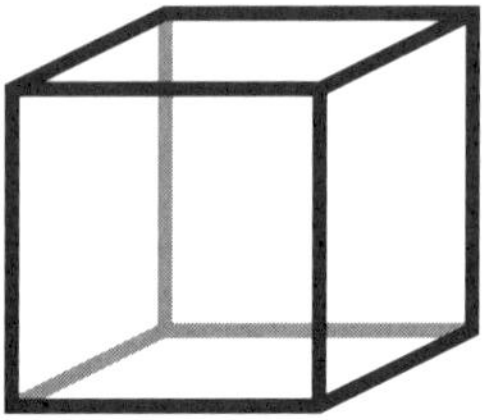

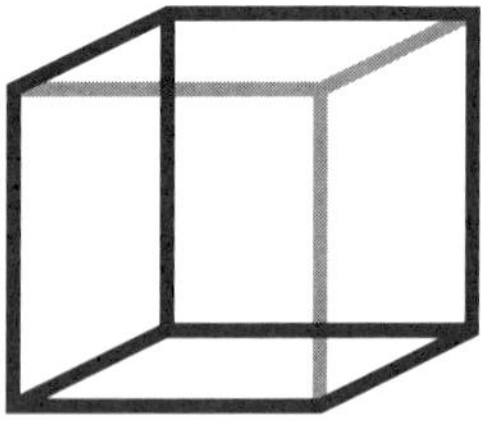

このように一つの図形が複数の見え方を生じるものを、「多義図形」と呼びます。多義図形では、異なる見え方が交互に切り替わって生じ、その切り替わりの頻度は人によって異なります。

ドイツの研究者であるKornmeimerたちの２０１７年の研究では、この見え方の切り替わりがどの程度起こりやすいかをＡＳＤ者と定型発達者の間で比較しました。

その結果、ＡＳＤ者では見え方の切り替えが起こりにくく、定型発達者に比べて一方の見え方が長時間持続しました。また、定型発達者ではネッカーキューブの一方の見え方が起こりやすいバイアスがありましたが、ＡＳＤ者ではそうしたバイアスは比較的少ないこともわかりました。

多義図形の見え方のバイアスをもたらす要因は先行経験や知識だと考えられます。例えば、建物の近くに見える月はとても大きく見えます。

これは月が上空にある時に比べ、地上付近にあることで建物との大きさの比較が生じ、建物と同等の範囲で視界を占める物体は大きいものだと脳が無意識に処理した結果です（これを「月の錯視」といいます）。

ＡＳＤ者でネッカーキューブの見え方にバイアスが見られないのは、こうした先行経験によらず、見たままの刺激を捉えようとする傾向によって起こっている可能性があります。

一方で、定型発達者は、先行経験によって見え方がバイアスされ、ある種の偏ったものの見方をしているともいえます。

≫ ASD者の目は、周辺情報に惑わされない

また、「エビングハウス錯視」における見え方も、定型発達者とASD者では異なるという報告があります。

エビングハウス錯視は、記憶の研究で有名なドイツの心理学者ヘルマン・エビングハウスによって報告された錯視図形です。

多くの方には、周りを小さい円で囲まれている円の方が大きく、周りを大きな円で囲まれている円の方が小さく見えているはずです。

ところが、周りの円を取り除いて、中心にある2つの円だけを比べてみると、実はまったく同じ大きさであることがわかります。

なぜ、「左の円が小さく、右の円が大きく」見えるのでしょうか？　周りの円と比べてしまっているからです。大きな円に囲まれた左の円は「小さい」、小さな円に囲まれた右

エビングハウス錯視

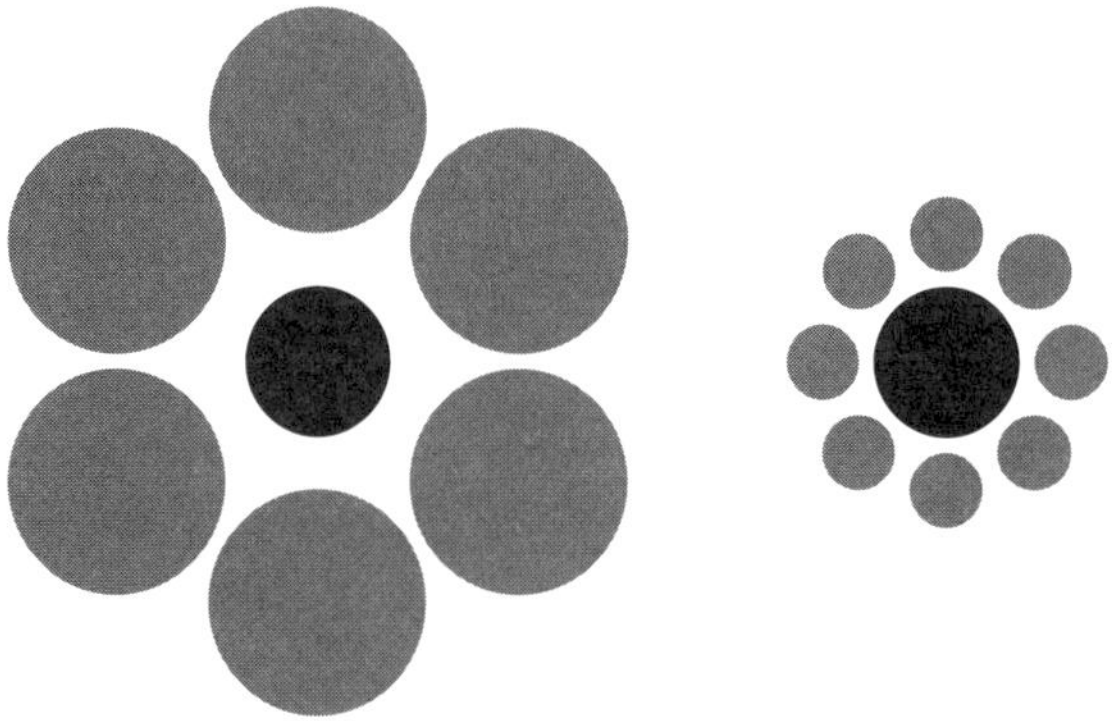

の円は「大きい」と、脳が勝手に判断してしまっているわけです。

ところが、ＡＳＤ者では、「2つの円の大きさは同じである」と見える割合が高いようです。

それはなぜか？　**周辺情報から判断しないから**です。

■多くの方の目は、「周りの円」という周辺情報を取り入れて中心の円の大きさを判断している

■けれどもＡＳＤ者の目は、「周りの円」という周辺情報をあまり取り入れずに中心の円の大きさを判断する傾向がある

……といえます。

どちらが優れている・劣っているということでは決してなく、どちらにも特性があるということです。

定型発達の方々の目は、周辺情報を取り入れるのが得意ですが、その分騙されてしまうこともあるといえますよね。

一方、ＡＳＤ者の目は、周辺情報に惑わされにくいと同時に、「周辺情報を取り入れる

のはどうも苦手」という面があるわけです。つまり、ＡＳＤ者たちが「定型発達者と比べて、周辺情報との関連性を考慮しながら情報処理する」ということがあまり得意ではないということを示しています。

≫ＡＳＤ者たちは、遠近感の手がかりの利用が苦手？

定型発達者とＡＳＤ者の見え方の違いの例として最後に取り上げるのは、「ポンゾ錯視」です。20世紀初頭にイタリアの心理学者マリオ・ポンゾが考案したものといわれています。

三角形の斜辺のような斜めの線があるとき、多くの方の目には、横向きの２つの線は上に行くほど長く見えます。

ところが、斜めの線を取り除いて、２つの線を比べてみると、実はまったく同じ長さであることがわかります。

ところが、エビングハウス錯視でもそうであったように、斜めの線があってもＡＳＤ者では「あまり長さの違いがわからない」と感じる割合が高いといいます。

それはなぜか？　**ＡＳＤ者は遠近感の解釈を勝手に行わない傾向があるから**です。

多くの人では、「上の線の方が遠くにあり、下の線の方が近くにある。遠くにあるもの

ポンゾ錯視

と近くにあるものが同じ長さに見えているということは、すなわち近くにあるものが短いということだ」と脳が勝手に判断し、その結果として錯視が起きています。ＡＳＤ者の場合、そのような解釈を特に行わず、シンプルに２つの線の長さを比べる傾向があるため、錯視が起こらないのです。

- 多くの人は、「遠近感」という情報を盛り込んで線の長さを判断している
- けれどもＡＳＤ者の目は、「遠近感」という情報を盛り込まずに線の長さを判断する傾向がある

……といえます。言い換えれば、ＡＳＤ者たちは「距離の遠近や空間の広がりを把握するための手がかりを利用することが、定型発達者よりも得意ではない」可能性があるということを示しています。

「木を見て森を見ず」の傾向はあるが……

私たちは普段の生活で大きな物体と小さな物体を見分ける必要があります。

例えば、果樹から果実を採取しようとしたとき、沢山なっている実の中で、どの実がもっとも大きいかを見分けることを私たちは簡単にできるでしょう。

こうした能力は、太古の時代では、より多くの栄養を摂取できる獲物を瞬時に見極めるなどといったことにも関係していたかもしれません。したがって、物体の大きさには明確な対比があった方が瞬時に状況を判断できますし、処理の際に脳にかかる負担も少ないので、「対比」に基づく処理が自動的に行われるプログラムはとても重要なのです。

また、奥行きの手がかりがある場合には、奥にあると捉えられた対象は自動的に大きく見えるように、手前の対象と対比があった方が素早く状況を理解できます。

つまり、錯視とは**「物理的な正確性」よりも「脳の効率性」を優先した結果**ともいえるわけです。

ＡＳＤ者で錯視が生じにくいということは、外界の状況を知覚する際、定型発達者が「効率性重視」で処理する傾向があるのに比べ、ＡＳＤ者は「効率性を重視しない」傾向にあると考えることができます。１つの対象を知覚するときに要する脳の負担が大きく、それだけに複数の対象に関する知覚を並行して進めるような場面が苦手になることも推測できます。

ＡＳＤ者の認知スタイルに関する理論の１つに、「弱い中枢性統合理論」（Weak Central Coherence（WCC）／Happé, 1999）と呼ばれるものがあります。

この理論の中では**「木を見て森を見ず」**という表現が使われています。**局所的・部分的な情報に関する処理は得意な一方で、それらが組み合わさってつくられる全体的な情報の処理は苦手**——という傾向を、この慣用句にたとえています。

ＡＳＤ者の中には、芸術や計算などの分野で素晴らしい才能を示す人たちがいます。例えば、「短い時間に目にした風景を絵で緻密に再現できる」といった能力です。

イギリスの建築画家であるスティーブン・ウィルシャーは、風景を一度見ただけで記憶し、その細部まで緻密な表現で絵画を描くことができます。

彼は時に「サヴァン症候群」であるといわれます。サヴァン症候群は、発達障害、知的障害、精神障害がある者で、驚異的な記憶能力や計算技能など突出した能力を持つケースを指します。

こうしたある領域に特化した高い技能は、弱い中枢性統合の特徴が一部関係しているのかもしれません。細部への並外れた集中力、正確な情報処理といった面（木を見る）が見られる一方、それ以外のことにはいっさい目が向きにくくなる（森を見ず）という面があるのです。

なお、「弱い中枢性統合理論」で提唱されたＡＳＤ者の**「木を見て森を見ず」**という傾向は、その後「知覚機能亢進仮説」(Enhanced Perceptual Functioning (EPF) ／Mottron et al., 2006) の中で**「木を見ているから森は見ない」**という新たな捉え方をされるようになりました。つまり、ＡＳＤ者は「森を見ることができない」のではなく、「木を見るのが得意だから木を見ているだけ。見ようと思えば森を見ることもちろんできる」という捉え方です。

ＡＳＤ者の傾向は「全体構造を捉えるよりも部分から捉えることを優先する」という「得意」を高めた結果であり、全体的な情報処理にも注意を向けることで定型発達者と差が比較的軽微になると考えられているのです。

＞＞ＡＳＤ者の世界を知るカギとなる「脳」について知る

では、「周辺情報に惑わされない」「遠近感を把握するのが苦手」「木を見て森を見ず」といったＡＳＤ者の傾向（個人差はあるものの）は、なぜ見られるのでしょうか？

研究の結果、ＡＳＤ者の脳の特性に要因があることが明らかになってきました。

ここで、脳の大まかな構造と情報処理について、イラストも掲載しながら簡単に触れておきます。

まず、脳の大まかな構造について解説します。

脳というのは、前頭葉、頭頂葉、側頭葉、後頭葉、脳幹、小脳などから成り立っています。

そして、一次体性感覚野（Ｓ１）は前頭葉のすぐ後ろの頭頂葉にまたがる部分に、一次聴覚野（Ａ１）は頭頂葉の下の側頭葉の後方の部分に、一次視覚野（Ｖ１）は後頭葉に存在します。

専門用語が並ぶので、少し難しいですね。

- **一次体性感覚野（Ｓ１）**は、**「触覚（皮膚）を通じて得た感覚情報」**が集まる場所
- **一次聴覚野（Ａ１）**は、**「聴覚（耳）を通じて得た感覚情報」**が集まる場所
- **一次視覚野（Ｖ１）**は、**「視覚（目）を通じて得た感覚情報」**が集まる場所

です（なお、嗅覚、味覚を加えて説明すると図が複雑になることもあり、ここでは敢えて触覚、聴覚、視覚の３つに限定しています）。

次に、脳の大まかな構造を踏まえ、脳の中でどのように情報処理が行われていくかを解

脳の大まかな構造（特に一次感覚野）

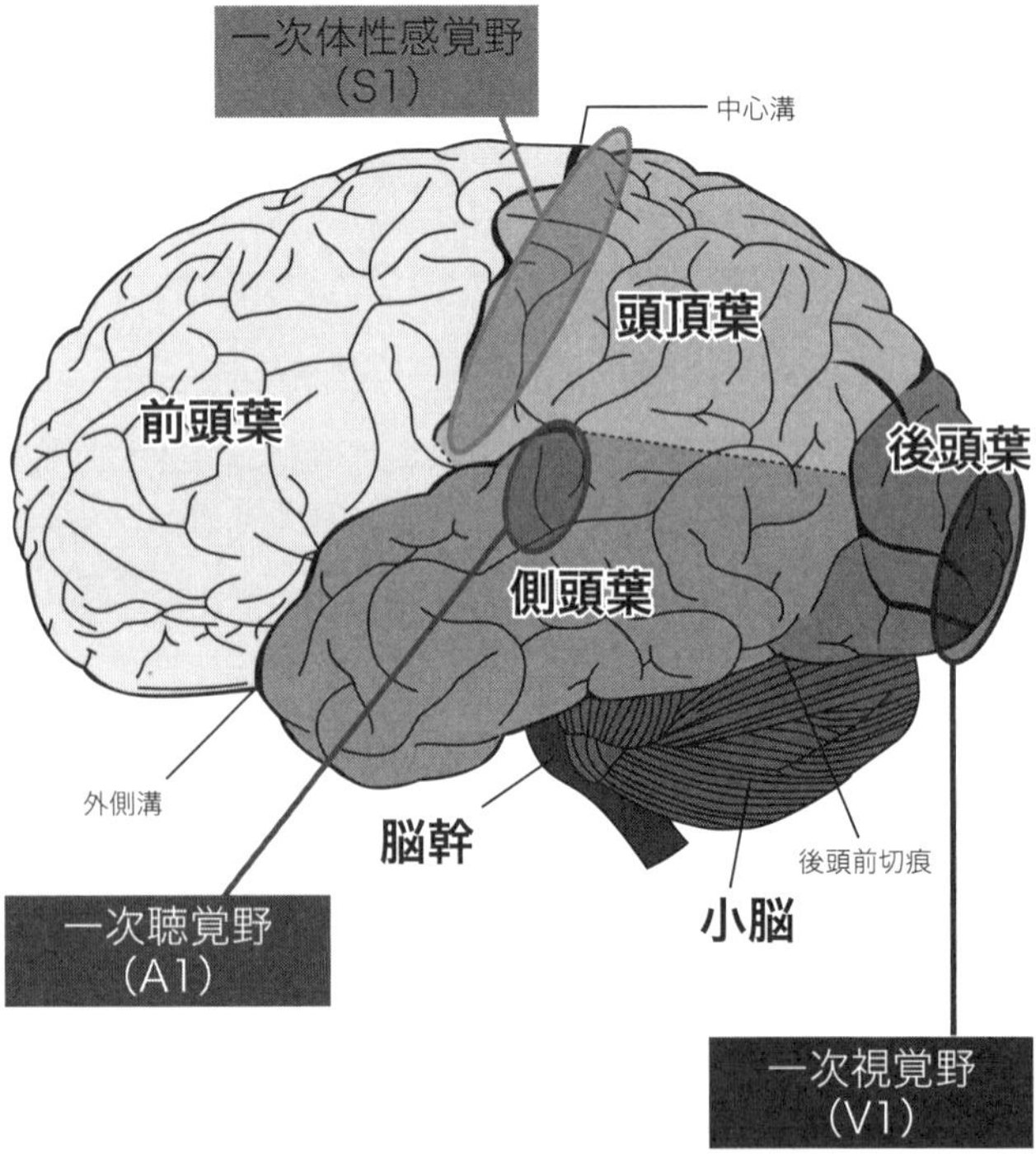

※各感覚野の位置は大まかな位置を表しています。

説します。

皮膚からの情報、耳からの情報、目からの情報は、それぞれの感覚器（例えば視覚であれば眼球の奥にある網膜のこと）から〝別物〟の情報としてまずいったん脳に送られます。

その〝別物〟として送られてきた情報が脳の中を上昇していき、私たちが意識化できる1つの情報としてまとめ上げる際に活躍するのが「シナプス」です。

シナプスは、脳の中に多数存在する神経細胞（ニューロン）をつなぐ「接合部」のことを指しています。1つの情報が、あるニューロンから別のニューロンへ伝達される際、情報は「電気信号」から「化学物質（神経伝達物質）」へと一次変換されて伝達されます。

一次体性感覚野に送られてきた触覚（皮膚）を通じて得た感覚情報、一次聴覚野に送られてきた聴覚（耳）を通じて得た感覚情報、一次視覚野に送られてきた視覚（目）を通じて得た感覚情報……それらすべてがシナプスの働きによって統合されていくわけです。

あくまでもイメージですが、

「脳という土地にニューロンという道路がくまなく張り巡らされ、情報という荷物を積んだトラックが走っている。道路の間には川が流れていて、川のこちら側とあちら側の岸はそれぞれ前シナプス、後シナプスと呼ばれる。この川をトラックが渡れないため、シナプスが神経伝達物質という名の船に荷物を積み替え、対岸（後シナプス）に着いたら待っている別のトラックに積み替えるため、情報はスムーズに別のニューロンへと引き継がれる」

……といった感じでしょうか。

≫ある領域における脳内GABAの量が少ないほど……

さて、このような情報処理を行っている脳の活動を研究していくと、定型発達者とASD者の間に「脳の活動のしかたの違い」が見られることがわかってきました。

シナプスによって、情報は「電気信号」から「化学物質（神経伝達物質）」へと変換され、別のニューロンへと伝達されます。この神経伝達物質は、その作用によって「興奮性」と「抑制性」の2つに分けることができます。

「興奮性」の神経伝達物質がニューロンの隙間に放出されると、次の神経細胞を興奮させるように作用します。反対に、「抑制性」の神経伝達物質は、次の神経細胞を抑制するように作用します。

皆さんは「GABA《ギャバ》」という言葉を、コンビニエンスストアのお菓子コーナーなどで目にしたり、耳にしたりしたことがあるのではないでしょうか。

本来、ＧＡＢＡは「ガンマアミノ酪酸（γ-aminobutyric acid）」の略称で、「抑制性」の神経伝達物質に分類されます。抑制性の神経伝達物質には他にグリシンなどもありますが、思考や言語、知覚、運動の制御など、人の複雑な活動を支える大脳皮質では、主にこのＧＡＢＡが作用しています。

私たちの研究チームは、脳の局所における脳内代謝物の測定を可能にする「磁気共鳴スペクトロスコピー（ＭＲＳ）」という機器を用いて、ＡＳＤ者の脳の計測を行いました。

その結果、

- **脳の補足運動野という領域に含まれるＧＡＢＡが少ないほど、上下肢の協調運動（縄跳びやスキップ、自転車や自動車の運転など、手や足など別々に動く身体部位をまとめて1つにして動かす運動のこと）に難しさを抱えている**
- **脳の運動前野という領域に含まれるＧＡＢＡが少ないほど、日常的に感覚過敏の症状が強く現れている**

ということがわかりました。脳内のある領域におけるＧＡＢＡの量（少なさ）が大きなカギを握っているのは、どうやら間違いなさそうです。

ただし、コンビニエンスストアなどでは「GABAを摂取できる」とうたったお菓子が販売されていますので、「それならばGABA入りのチョコなどをたくさん食べれば症状はすぐに解決するのでは?」と考える人もいるかもしれません。けれども、残念なことに、GABAは体外から摂取しても脳には直接取り込まれないと基本的には考えられています。仮に特定領域のGABAの量をコントロールできたとしても、それだけで症状が改善するかは未知数です。

脳内GABAの変化に起因して、どのようなメカニズムで症状が出るのかがもう少し詳細にわかってくれば、症状改善への糸口が見出せるはずです。

≫振動実験によって明らかになった、さまざまな事実

また、定型発達者よりもASD者の方が、

- **ある特定の脳領域と脳領域の結びつき(活動の同期)が、定型発達者よりも強い(過剰)**
- **ある特定の脳領域と脳領域の結びつき(活動の同期)が、定型発達者よりも弱い(過**

小）

といった傾向が見られます（もちろん個人差はあります）。

これらは振動実験などで明らかになっています。「脳磁図（ＭＥＧ）」を用いて脳の活動を可視化しつつ、あるＡＳＤ者の手の甲に微弱な振動を与えます。そのとき、一次・二次体性感覚野の活動同期（機能的結合）が強い人ほど、感覚過敏が強いことがわかってきました。

また、このような振動実験の結果、

・ＡＳＤ者は定型発達者と比べて小さな振動を検出する

・ＡＳＤ者は定型発達者と比べて小さな振動を検出し続ける

ということもわかっています。

繰り返しの振動を与えると、人は刺激に対して順応します。その結果、定型発達者の場合は刺激の強度の知覚に基づく判断の精度が低下した（標準刺激と比較刺激の区別ができない）のですが、ＡＳＤ者の場合は刺激の強度の知覚がほとんど変わりませんでした。

こういった実験結果から、

・ＡＳＤ者は定型発達者よりも小さな振動に気づき、順応しない

といえます。これにより、ASD者を悩ませる感覚過敏が起こっているわけです。

「脳の働きの特性によって感覚過敏が起こっている」と知っておくことがとても重要です。

もちろん、感覚過敏とは対照的な感覚鈍麻に悩まされるASD者もいます。痛みや寒暖差に関して、ASD者はしばしば感覚鈍麻を示すため、同じ触覚であってもどのタイプの刺激であるかによって、知覚の感度や順応の仕方が異なるわけです。

感覚鈍麻のメカニズムについてはまだまだ未解明な点が多いですが、感覚過敏と同様に「脳の働きの特性によって起こっている」と考えるのが自然です。

ケース4
なんでこんなに違うのに、他の人は気がつかないんだろう

――少年野球の試合で、打席に立つD君に、相手チームのピッチャーがボールを投げる。きわどいコースを落ち着いて見送るD君。判定はボール。

D　君：（うん。ボールがよく見えてる。この調子なら、今日こそ絶対、打てる！）

ピッチャー：（ピクリともしない。よく見えているみたいだな）

D　君：（まるでボールがとまっているように見える、あとはバットを振るだけなんだ）

ピッチャー：「しまった、失投だ」

D　君：（絶好球だ、打て、打つんだ）

～それほど速くもないど真ん中のストレート、だがバットは振り遅れ、キャッチャーミットにボールがおさまる～

ピッチャー：「なんだ、あの不格好なスイングは」

D　君：（身体がついていかない。ボールはよく見えるのに……）

チームメイト：「ボールがとまって見えるんじゃないのかよ。やる気あるのか」

D　君：「ボールはよく見えているんだよ……」（毎日、必死に練習をしているのに、どうしても身体がうまく動かないんだ）

――レストランで家族と食事を終えて帰宅したEさん。家に入って、母親が部屋の明かりをつけると……。

Eさん：「あっ」
母　親：「どうしたの？」
Eさん：「リビングの蛍光灯が1本切れそうだよ」
父　親：「どうしてわかるんだ？」
Eさん：「えっ？　だってチカチカしているから……」
母　親：「ほんと？　ママには全然わからないけど……」
Eさん：「とりあえずネットで注文しておいたら？」
父　親：「そうか。とりあえずそうしよう」

～翌日～

母　親：「蛍光灯チカチカしてきたね。あなたのアドバイスどおり頼んでおいてよかった

わ」（なぜ昨日の段階でわかったんだろう……？　不思議だわ）

Eさん：「ね！　私の言ったとおりでしょ」（なぜこんなにチカチカするまでみんな気づかないんだろう……？　不思議だなあ）

ＡＳＤ者の感覚過敏は「時間の情報処理」が関係しているのではないか？

そう思った私は、１０００分の１秒という非常に短い時間スケールでの、ＡＳＤ者の脳の処理について研究を行いました。

その結果、ＡＳＤ者の中には、定型発達者には決して認識できない「角度の違い」「点滅の状況」などを認識できる人がいることがわかってきました。

このような特性は、視覚だけに限らず、聴覚、触覚などすべての感覚に当てはまります。

それらについて、詳しく解説していきます。

時間の情報処理

≫ASD者は時間の情報処理をどう行っているのか？

　ここまで示してきたように、ASD者は、定型発達者とは異なる、特徴的な感覚処理を行っていることがわかります。また、前述したように「刺激を検出する」の他に「角度を識別する」「音の高さを区別する」といった、脳の比較的低次の段階における処理に対して高い知覚処理精度を示すことが明らかになってきました。

　ただし、これらはすべて「空間の情報処理」に関連した側面を主に扱ったものでした。例えば、刺激Aと刺激Bが微妙に違う角度で提示されていて、両者が同じか違うかを判断するとき、刺激の空間に関わる性質に関しての知覚的な処理を行っていることになります。多くの研究者はASD者の「空間情報の処理」に焦点を当てて研究を行ってきましたし、私自身も当初はそうでした。

　ところが、研究を進めるにつれて私は、

「時間の情報処理はいったいどう行っているのか？」

という疑問が芽生え、

「ASD者の感覚過敏は、時間の情報処理の精度が高いために起こるのではないか？」

という仮説も持つようになりました。

では、「時間の情報処理」とはいったい何なのでしょうか？

私たちの脳が処理する時間の情報には3つの段階があるといわれています。

① 最も長い時間の処理単位が〝サーカディアン・タイミング〟(Circadian timing)

覚醒から睡眠を経て覚醒するまでの一日の体内リズム（＝概日リズム）のこと。概日リズムの最高中枢である視交叉上核が重要な役割を果たし、他の脳部位や臓器に信号を送ることで、私たちの身体の状態を一定に保つ

② 中くらいが〝インターバル・タイミング〟(Interval timing)

1秒以上〜1日までの多様なスケールの時間タイミングの処理のこと。意思決定、意識的に時間をカウントするときの時間の見積りなどを指す。大脳基底核の線条体の活動と、それと密接に関わるドーパミン作動性ニューロンの働きが関与し、意識的な運動（随意運動）を制御する

③ 最も短いのが〝ミリセコンド・タイミング〟（millisecond timing）

1ミリ秒は1000分の1秒のこと。1秒以下の最も短い時間スケールでの脳の処理のことで、運動制御、発話、リズムの知覚などに関係する。小脳が大きく関連すると考えられている

このうち、③のミリセコンド・タイミングでの情報処理こそが、ASD者の感覚情報処理の特異性に大きく関連していることが、私のチームの研究により明らかになり始めました。

時間分解能と感覚過敏の関係

実験は、ミリ秒単位で起こる知覚的・認知的な情報処理精度を調べるための手法として確立されている「時間順序判断」（Temporal Order Judgment：TOJ）を用いて行いました。触覚に関して調べる場合、左右の指先に振動を発生する装置を取り付け、他の指はボタンに添えます。左右の振動装置からは、左→右、もしくは右→左の順で振動が提示されます。実験参加者には、左右どちらの振動が後に提示されたと感じたかを、ボタンを押して示してもらいます。

この実験のポイントは、時間差です。実験により、たとえ短いミリ秒の差であっても、左右どちらが後に動きだしたかを正確に判断できれば、**「時間分解能」**、つまり正確に時間順序を判断する能力が高いといえるわけです。

私たちの実験では、ASD者に対しては左右の時間差は15〜240ミリ秒という、定型発達者であれば課題のおよそ半分程度は当てずっぽうの判断になる難易度の設定にしました。この設定で14名の定型発達者に対して行った実験結果から、「定型発達者は平均的な時間分解能は50〜60ミリ秒程度」とわかりました。

では、ASD者に対して行った実験の結果はどうだったのでしょうか?

結論からいえば、**「時間分解能には個人間で大きな差がある」**ということがわかりました。極端に短い時間差であっても正確に左右の振動の順番を答えられたり、逆にとても長い時間差があっても答えられなかったり……というわけです。

続いて、この時間分解能の差が、感覚過敏の程度と関係があるかを調べました。そして明らかになったのは**「高い時間分解能を持つASD者は、日常生活においてより強い感覚過敏を経験している」**ということです。ちなみに、これは定型発達者には見られない（時間分解能が高いからといって、その人は感覚過敏ではない）結果でもありました。

ASDの青年のミリ秒単位の時間分解能の謎

この時間分解能の研究を進める中で、驚異の時間分解能を持つ青年に出会いました。

彼は定型発達者が振動の順番を答えられる時間差（約50〜60ミリ秒）の約10分の1の時間差、すなわちわずか6ミリ秒（0・006秒）の時間差で提示された刺激の順序を正確に答えることができたのです。

彼の協力の下、ミリ秒単位の時間分解能が発揮されることに関わるメカニズムの解明に乗り出しました。そこで明らかになってきたのは、「定型発達者の脳には刺激による負荷を減らすために過度な処理を抑える〝リミッター〟の働きがあり、刺激の時間処理を調節している」ということでした。

余談ですが、この青年は聴覚に関しても、触覚と匹敵するきわめて高い時間分解能を持ち、視覚に関しても比較的高い時間分解能を持つことが、私たちの実験により明らかになりました。

青年にはその後も繰り返し実験に協力してもらい、その中で少しずつ彼自身が普段感じている世界を語ってくれるようになりました。

非常に興味深かったのは、学校の授業で野球をしたときの話です。彼は打者としてバッターボックスに立ち、投手の手から放たれる球を観察したとき、それがスローモーションのように感じることがあったというのです。とても不思議な話ですが、バッターボックスに立った彼が、時間順序判断をするときのように刺激の時間情報を処理していたとしたら、考えられないことはない話です。刺激の順序を正確に答えるためには、外の世界で起こっている事象を高い解像度で捉えている必要があります。皆さんは、ハイスピードカメラで動物の動きなどを撮影した映像をテレビで見たことがあるでしょうか。このような高い解像度のカメラのように知覚をチューニングできたら、バッターボックスから見た投球はスローに見えることでしょう。

ただし、だからと言ってバッティングが上手ということに簡単には結びつきません。バッティングは高度な協調運動が求められるため、協調運動に苦手さを持っていた彼は、残念ながらホームランバッターとして大活躍できたわけではなかったようです。

こうした彼との対話を通して、時間分解能の高いＡＳＤ者が日常生活からどのような情報を受け取っているのかということについて、少しずつ理解を深めることができました。

〟リミッター〟をかけずに脳を活動させている

では、時間分解能の高いＡＳＤ者の脳は、どのような活動をしているのでしょうか？

平均の約10倍の時間分解能を持つ青年の脳をｆＭＲＩで調べたところ、定型発達者よりも明らかに強い活動を示す脳部位がありました。それは、

- 脳の左側の上側頭回（Superior temporal gyrus：ＳＴＧ）
- 左腹側運動前野（Ventral premoter cortex：ｖＰＭＣ）

の2か所です。

ＳＴＧは複数の感覚をまたいで、刺激についての時間の情報や空間の情報を処理する場合に活動します。ｖＰＭＣは感覚運動系の処理においてとても重要な役割を果たしています。定型発達者が〟リミッター〟をかけて情報処理を行うときにも、高い時間分解能を持つＡＳＤ者が〟リミッター〟をかけずに脳を活動させていることが推測できます。

ＡＳＤ者の中には、「蛍光灯のチカチカが気になる」という感覚過敏を訴える人がいます。蛍光灯は50㎐もしくは60㎐で点滅しています。つまり、実際は約20ミリ秒もしくは約17ミリ秒ごとに点滅しているわけですが、時間分解能の低い人にはそのチカチカが気にな

らず「点灯している」ように見えているわけです。ただ、もしもそれ以下、例えば6ミリ秒で刺激の順序を正確に判断できるほどの高い時間分解能を持っていれば、チカチカを感じ取り、気になってしまうのも無理はないのです。

ちなみに、青年の脳の部位の中で実験時に活動が顕著な左STGと左vPMCですが、複数のASD者にご協力いただき、興奮と抑制に関連するGABA濃度との関連性も調べてみました。すると、左vPMCのGABA濃度が低いASD者ほど、感覚プロファイルという質問紙でスコア化した感覚過敏、感覚回避の程度が強いことがわかりました。定型発達者ではこうした関連性は見出せませんでした。ASD者の高い時間分解能に関係する脳部位の活動を抑制するはたらきが低下していると、日常生活においてより強い感覚過敏を経験する傾向にあるということが明らかになったわけです。

〝リミッター〟をかけずに情報処理を行っている結果、感覚に関するさまざまな問題を抱えている——研究者の一人としてASD者のこのメカニズムを明らかにし、少しでもその理解を広めることに貢献したいと感じます。

次章では、このような特性を持つASD者が日常生活で抱える「不安障害」や「コミュニケーションの取りづらさ」といった悩みについて、より具体的に解説していきます。

第**3**章

発達障害の人の苦しみを知る

ケース5

どうしてこの気持ちがわかってもらえないんだろう

――幼稚園からの帰り道。工事中のため、いつもの通園路は通れない。母親に「いつもの道は通れないんだって。回り道して帰ろう」と促されたF君だが……。

F君：「いやだよ！　いつもの道で帰りたい」

母親：「だから言ってるでしょ！　あの先は工事をしているから通れないの！」

F君：「でも、いやなんだよ……」

母親：「そんなこと言ったって、通れないものは通れないの！」

F君：「怖いんだよ！」

母親：「何が怖いのよ？　脇道を少しだけ歩いて、その後またいつもの道に戻るだけじゃない？」

F君：「違う道を歩くなんて……」

母親：「ほんの少しだけでしょ？　ほとんど違わないわよ」

F君：「それが全然違うんだよ……」

通行止

母　親：「さあ、行くわよ（手を引っ張る）」（なにが違うっていうのよ？　言ってることの意味がわからないわ）

F　君：「……」（いつもの世界と全然違う世界に行くなんて……怖くて、怖くてたまらないよ……）

――数学の問題が解けずにいるGさん。隣の席のH君に教えてもらおうと話かける。

Gさん：「ねえ、H君、この問題、どうやって解くの？」

H　君：「ええと、ここは、ここに線を引いて、三角形を作って……」

Gさん：「ああ、そうか。こうすると、ここが四角形になって、面積が出るから……」

H　君：「うん。そして、この線の長さは、こっちと同じだから……」（ちょっと、近すぎるなあ。どうして彼女は、こんなに接近してくるんだ。もしかして、オレのこと、好きなんじゃないのか……）

友人I：「ね～Gちゃん。夏休みに行く旅行の話なんだけどさぁ」

Gさん：「えー、なに！　いますぐ行く～」

H　君：「あ、あれ」（彼女、数学の問題のこと聞きたかったんじゃなかったのかよ。しか

も、あんなに馴れなれしく……なんだよアイツ）

友人I：「そうそう、H君とはなにをあんなに親しげに話ししていたの」

Gさん：「あれ、なんだっけ。そうだ！　数学の問題を聞いていたんだった」

感覚過敏、感覚鈍麻といった感覚の問題を抱えるASD者は、日常生活においてさまざまな苦しみ・悩みを抱えています。

その苦しみの多くは、定型発達者からすれば理解するのが難しいものです。例えば、「いつもと違った道を通るのが怖い」という感覚は、本人の自覚を伴う苦しみですが、「気になることがあると、そちらへの関心が強くなってしまう」という感覚は本人に自覚がないままに、結果として人間関係の悪化を招き、苦しみにつながってしまいます。

ここでは、感覚の問題から生じるASD者の苦しみについて解説します。

感覚の問題から生じる苦しみ

》「感覚の問題」を抱えたASD者が見ている世界とは？

第1章、第2章を通じて、ASD者の多くが「感覚の問題」を抱えていることを解説してきました。

そして感覚の問題とは、

■**感覚過敏**……周囲の音や匂い、味覚、触覚など外部からの刺激が過剰に感じられ、激しい苦痛を伴って不快に感じられる状態

■**感覚鈍麻**……痛み、気温、体調不良などに関して鈍感である状態

の2つがあり、感覚過敏か感覚鈍麻かのどちらか一方ではなく、感覚過敏と感覚鈍麻が同居するASD者もいることをお伝えしてきました。

また、定型発達者がある程度の〝リミッター〟をかけて情報処理を行っているのに対し、ASD者が〝リミッター〟をかけずに情報処理を行っている可能性があり、その要因は

「脳の特性」によると考えられる――そのために取り込む刺激が過剰になる――ことも述べました。

では、この「感覚の問題」によって、日常生活などでどのような苦しみを感じているのでしょうか？

私のこれまでの研究に協力してくれたＡＳＤの方々の生の声に、作業療法士としてＡＳＤ児や保護者の方々と日々関わっていらっしゃる関西医科大学の松島佳苗先生（私の研究の協力者でもあります）の知見を交えつつ、ＡＳＤ者の方々の「世界」への理解を深めたいと思います。

「いつも同じ道を通りたい」の裏にある、不安と恐怖を想像する

ＡＳＤのお子さんなどによく見られる１つの傾向として、変化や変更を嫌うといったことが挙げられます。その一例として「いつも同じ道を通りたがる。違う道を通るのを嫌がる」があります。定型発達の人には、なぜそこまで嫌がるのか、その理由まではわからない人が多いかもしれません。

定型発達者であれば、「単に道が違うだけで問題なく目的地に到着することができる」

と特に不安を感じることもないでしょう。なぜ、「いつもと違う道」に不安を感じないのか？　敢えてわかりやすい言葉を使うならば、定型発達者は「ぼんやりと情報収集をしているから」です。ここには脳にかかる負荷を減らそうとする〝リミッター〟の役割が関係しているかもしれません。

では、〝リミッター〟をかけずに情報処理を行うＡＳＤ者にとってはどうでしょうか？「いつもと同じ道」と「いつもとは違う道」では、道幅も違う、標識も違う、建物も違う。お店から漂ってくる匂いも違うし、耳にする音もまったく違う。皮膚で感じる細かな振動なども当然変わってくる……五感で得られる刺激のなにもかもが違います。つまり、「いつもと同じ道」と「いつもとは違う道」を、**まったくの別世界**のように感じている可能性があるのです。

定型発達者の方々も、今まで自分が体験したことのない環境に足を踏み入れるときには不安や恐怖を感じますし、できることなら避けたいという気持ちも芽生えますよね。

周囲の人たちにできることの1つは、ＡＳＤ者の行動を観察しながら、「もしかしたら自分の『単に違う道を歩くだけ』という感覚とは違って、『いつもとは違う別世界に足を踏み入れる』という感覚なのかもしれない」と、当事者の「感覚」に寄り添ってみることだと私は思います。

感覚鈍麻により、大きなケガを負っていても気づけないことも

「爪を噛む」という行動をとるASD者もいます。この行動には、自己調整の生理的メカニズムや感覚鈍麻が関係している可能性があります。ここでは、感覚鈍麻という観点からこの行動を考えてみたいと思います。

感覚鈍麻の状態を定型発達者の方に理解していただくのに、「虫歯治療で歯茎に局部麻酔を打った」「長い時間正座していたら足が痺れた」というケースを想定してもらうとわかりやすいかもしれません。こういったとき、自分の身体でありながら、輪郭がぼんやりとしてわかりにくいといった違和感が生じませんか？　そして、鈍感になっている部位（麻酔の効いている頬や痺れている足）を、自分の身体として確認するためにさすってみたくなりませんか？

ASD者の「爪を噛む」という行動は、感覚が鈍い指先に大きな刺激を与えて、身体の感覚を確認する行動だと推測できます。

感覚鈍麻に悩むASD者の場合、定型発達者であれば**「痛くて仕方ない」というケガを**

負っていても気づけないことがあります。

感覚過敏と感覚鈍麻が同居しているASD者の場合、感覚過敏に比べて、感覚鈍麻に基づく行動に周囲がなかなか気づけない面があります。「もしかしたら感覚過敏と感覚鈍麻が同居しているのかもしれない」という前提を持つことも重要です。

なお、感覚鈍麻ですが、「外部からの刺激を受け取りにくい脳の特性がある。だから情報感度が鈍い」という理由だけでは、必ずしも説明できないかもしれません。「外部からの刺激を過剰に受け取ってしまう脳の特性がある。過剰な刺激に圧倒され、処理しきれない状況から無意識に自身を守る手段として、敢えて環境にある刺激を極端にシャットアウトしている（一見、刺激に反応していないので鈍麻に見える）」と考える見方もあり得ます。

このあたりの感覚については、子どもの頃にASDと診断されたコロラド州立大学の動物学教授テンプル・グランディンさんが、著書などを通じて、当事者としての感覚を具体的に語ってくれています。

≫他人との物理的距離が近くなってしまいがち

「他人との距離感をつかむのに苦労する」というのも、ＡＳＤ者に見られる傾向の１つです。心理的距離（コミュニケーション面での苦労）に関しては後述し、ここでは物理的距離に関して解説します。

「身体近傍空間（Peripersonal space; PPS)」という言葉があります。「自分の手が届く範囲」あるいは「他者から容易に接触される範囲」と定義されていますが、「自分の身体と脳がイメージしている空間」といった表現の方が適切ですし、「身体近傍空間は拡張する」といえます。

どういうことか？

例えば、普段から杖を使い慣れた人は、歩いているときに杖の先に障害物があたれば「危ない」と感じられるようになります。杖の先までを〝自分の身体の一部〟と見なしている——そんな感覚です。

この感覚は、拡張性があります。自動車を車庫に入れるときのことを思い浮かべてください。車庫入れの上手・下手はありますが、自動車が壁にぶつからないように車を動かしていきますよね。このとき、自動車のボディ全体を、あたかも〝自分の身体〟のように捉えている――そんな感覚になっているわけです。

定型発達者は、その場に応じて、身体近傍空間をときには拡張するなどして適度に調節しています。なぜそんなことが可能なのかといえば、「自分」と「外界」との境界線の感覚がぼんやりしているからです。

ところが、感覚過敏など感覚の問題に悩むＡＳＤ者の場合、身体近傍空間の調節に手間どることが多いようです。感覚に敏感なため、「自分の身体はここまで」という境界線が、きわめてハッキリしているからなのだと思います。自分と外界との境界線は、まさに自分のボディラインそのもの。たとえ杖を持っていても〝杖は自分の身体の一部〟という感覚にはなりにくいわけです。

「自分の身体近傍空間はときとして拡張する」という感覚を持つ定型発達者であれば、「他人の身体近傍空間もときとして拡張する」という想像がしやすくなります。つまり、「これくらいまでは近づいてもＯＫ」という距離はお互いの関係性で変わるということがわかります。

ところが、自分と外界との境界線が拡張せず、まさに自分のボディラインそのものであると考えるＡＳＤ者の場合、**「相手との『間《ま》』」を意識せず、その結果として物理的距離も近くなってしまう**傾向があるようです。

このような特徴が周囲から問題視されるようになるのは、異性に対して興味を持ち始める思春期が多いようです。ＡＳＤ児が異性に対して好意のコミュニケーションをとろうとする。その際、自分としては決して近づきすぎという感覚ではなかったのに、相手は「近すぎない？　なんでそんなに近づくの？」という意識のギャップが生まれてしまう――といったケースです。このとき、相手の表情やしぐさといった非言語（ノン・バーバル）の情報から「相手はちょっと嫌がっているんだな」と気づければいいのですが、非言語的サインが読み取り難い傾向があるＡＳＤ者の場合、なかなかそれらのサインに気づけないこともあります。

ご家族などＡＳＤ者の周囲の方々は、ＡＳＤの方の「身体感覚の特徴に由来する独特の距離の感覚」を知ることで、「見ている世界」の理解・共有が進みます。

≫手と足、目と手などを別々に動かす運動が苦手

「運動が苦手」というのも、ＡＳＤ児などに見られる傾向の１つです。

第2章でも触れましたが、協調運動（縄跳びやスキップ、ボールを目で追いながら足で蹴るなど、手と足、目と手など別々に動く機能をまとめて1つにして動かす運動のこと）に難しさを抱えるケースが多いようです。この特徴の一部には、脳内のある領域におけるGABAの量（少なさ）が関係する可能性を、私たちの研究では報告しています。こういった傾向のために、周りから「不器用」あるいは「運動神経が悪い」といった中傷を受け、心に傷を負っている人も多いのではないでしょうか。

ただし、こういった傾向は、作業療法士などの指導の下、早期から専門的な支援を受けることで、ある程度改善が期待できます。

ご家族など周囲の方々がASD者の運動をサポートされる際には「その人の〝物差しの目盛り〟を理解した上でアドバイスを行う」ことが有効な場合もあります

「30㎝の物差し」を思い浮かべてください。定型発達者の目盛りは「1㎜単位で細かい目盛りが振られて」いて、運動があまり得意ではないASD者の目盛りは「1㎝単位でざっくりと目盛りが振られている」とイメージします。

つまり、それぞれ目盛りの異なる物差しを使っていることになります。そのとき定型発達者がASD者に向かって「あと2㎜身体を動かした方がいいよ」とアドバイスしたら、

ＡＳＤ者に伝わるでしょうか？　相手の物差しは㎝単位なのですから、いくら㎜単位でアドバイスをしてもその違いが伝わらないために調整は困難なのです。

運動が苦手という人は、微調整ができず、「ゼロか１００か」の極端な動きになってしまうことが多いのです。物差しの目盛りの例はあくまでもたとえ話ではありますが、「相手がどんな〝目盛り〟で物事を捉えているか」を知り、「その〝目盛り〟に応じた対応」を考えることで、ＡＳＤ者への寄り添い方が大きく変わってきます。

突発音にびっくりする

ＡＳＤ者を悩ませる感覚過敏は、61ページのイラストにもあるように五感すべてに及びます。

例えば、学習や仕事を行う空間での悩み。他の人には決してまぶしくない照明であっても、ＡＳＤ者にとってはまぶしく感じられることがあります。クラスメイトや仕事の同僚が話す声が、気になって仕方ない場合もあります。また、みんなで食べる給食も刺激が強すぎて食べられず、偏食で悩む人もいます。

「この洋服を着ると肌がすごくチクチクするので着たくない」「色のコントラストが高い

ノートや本はまぶしくて目がつらい」など、「自分はこういうことで悩んでいる」「自分はこういうものが嫌い」「自分はこういう場面は避けたい」とはっきり言葉にできる人であれば、周囲の理解・共感の度合いも高くなります。けれども、まだ小さなお子さんや、自分の感覚と他の人の感覚がだいぶ違うという自覚がない人や、知的障害があって言語化が難しい人などは、「感覚」という主観的な体験についてうまく周囲に伝えられません。

聴覚に強い過敏を持つ一人の女性に、どのようなきっかけで「自分は過敏である」と気づいたかについてお話を伺いました。

その方は突発的に発せられる音に対して強い過敏を持っています。車のクラクション、電車の警笛、犬の鳴き声、花火の音などです。

特に悩まされていたのは、運動会の時のピストルの音だったといいます。いつもかけっこのスタートのときに耳を塞《ふさ》いでいたそうです。その行動が周りから奇異に見られることがとてもつらかったそうです。低学年のときにはごきょうだいも同じような行動をとっていたそうですが、学年が上がるにつれて自分だけになっていきました。

何か明確なタイミングがあって自分の過敏さを自覚したわけではないそうです。ただ、学年が上がって他者と行動を共にする機会が増えたことが1つの理由なのではないかと語ってくれました。花火大会に友人たちと行ったとき、花火の大きな音に対して周囲は何も反応していないのに、自分だけ耳を塞がなければならないような状況に遭遇することが増えていきました。

このように、自分と周囲の人たちを比較するような機会は、外から見える行動から、自分と他人ではものの感じ方が違うんだということに気づくきっかけになります。

自分が過敏かもしれないという自覚が芽生えるにつれて、自分なりの対処法を考えるようになっていったそうです。1つには自作の耳栓を作るというものがあり、ティッシュを丸めて水で濡らしたものを耳に詰めていたそうです。このことが周囲から気づかれないように、いつも髪の毛はおろしてきたそうです。今でもノイズキャンセリングイヤホンを愛用していて、大きな音に遭遇しそうなときは着用しているといいます。

ずっと自分が過敏であるということを周囲に言うことが恥ずかしいことだと感じ、家族にも、友達にも、先生にも、誰にもこの苦しみは伝えてこなかったと話してくれました。過敏で怖がっていることを伝えるということは、自分の弱さを周囲に明かすことになると考えていたそうです。

自分の弱さを周囲に見せることが恥ずかしいことだと感じてしまう気持ちは、多くの方が一度は持ったことがあるものではないかと思います。

集団から外れたくない、ばかにされたくない、変わり者だと思われたくない、そういった気持ちが、感覚過敏を持つ人が自分の感覚についての悩みを周囲に打ち明けられず、自分一人で抱え込むことの一因になっているかもしれません。

感覚過敏の科学的な知識が広まることで、この特性が単に気持ちの問題によって生じているわけではないということの理解が浸透することを願います。

≫寒さ・暑さで刺すような痛みに襲われることも

温かさの知覚を「温覚」、冷たさの知覚を「冷覚」と呼びますが、ASD者にはここにも特性が見られます。

アメリカのヴァンダービルド大学の准教授であるCascioたちが2008年に報告した実験によれば、温覚・冷覚ともに、ASD者と定型発達者との間に感度の違いは見られませんでした。しかし、**温度刺激に対する痛みの感覚**についてはASD者の方が閾値《いきち》が低いことがわかりました。

例えば、冬。定型発達者が暖かい部屋から寒い戸外に出て、「寒い、寒い。顔や手がすぐに冷たくなってしまったよ……」という場面を想像してみましょう。定型発達者にとっては耐えられる程度の皮膚刺激かもしれませんが、温度刺激に対する痛みの感覚が鋭いASDの顔や手は、文字どおり〝刺すような痛み〟に襲われている可能性があるわけです。

加えて、「刺激に対する順応が起こりにくい」という特性も、ASD者の方々の苦しみを増進させます。定型発達者であれば、初めはたとえ寒くても、肌が刺激に順応し、「しばらくしたら慣れてきた」という感覚になります。ところが、ASD者の場合は「いつまで経っても痛みに襲われたまま」という状態が続くことになるわけです。

ちなみに、温度刺激に対する痛みの感覚は、「寒さ」だけではなく、「暑さ」によっても生じます。炎天下に、皮膚がヒリヒリした焼けるような感覚に襲われる経験をしたことがある人は多いでしょう。

もしかしたら、定型発達者が「ちょっと暑いなあ」と感じている程度のときでさえ、ASD者の肌は痛みに襲われている可能性があります。

ケース6

気になって気になって仕方がない。なにも手につかない

――大学生のJさん。ゼミの授業で研究発表することになり、迎えた当日。

教　授：「では、次はJさん。お願いします」

Jさん：「はい……」

教　授：「顔色がすぐれないようですが、大丈夫ですか？」

Jさん：「あ、はい……大丈夫です……」

教　授：「では、始めてください」

Jさん：「……（無言）」（どうしよう……全員が私のこと見てる）

教　授：「ん？　どうしましたか？」

Jさん：「……（無言）」（みんな「お前なんかがうまく発表できるわけないだろ」って思ってるんじゃないかな……）

不安
失敗
誤り
心配

教　授：「Ｊさん？　Ｊさん？」（初めての体験でガチガチに緊張しているのかな？　まあいい経験だよね）

Ｊさん：「……（無言）」（そうだよね……今までうまくいったことないしね。そんな私がみんなのようにうまくできるわけがない。どうせ今回も失敗するよね……）

――大学からいったん帰宅。アルバイト先に向かうため、駅へと急ぐＪさん。

Ｊさん：（あれ、そういえば家のカギって掛けたっけ？）

～家に戻って確認する～

Ｊさん：（掛けてたか……よかった。汗かいたから顔を洗ってから出かけよう）

～再度出発するが～

Ｊさん：（あ、そういえば顔を洗った後に蛇口は締めたかな？　家のカギもちゃんと掛けたかな？　また心配になってきた）

～再び家に戻る～

Ｊさん：（掛けてるよね……）

〜駅に向かって出発する。そのとき携帯電話が鳴る〜

Jさん：「店長すみません！　あと15分で着きます。本当に、本当にすみません！」（いくら確認しても少し時間が経つと不安が襲ってくる……いったいどうすれば私は安心できるの？）

ＡＳＤ者の中には不安障害に悩まされている人も多くいます。不安障害は、社会不安性障害（周囲の注目が自分に集まるような状況で強い不安や恐怖、緊張を感じる）と強迫性障害（強迫観念が強迫行為を引き起こし、日常生活に影響が出てしまう）に大別できます。

この両方を併発している人も、一定数います。

ここでは、ＡＳＤ者が抱える不安障害の実情と、それらを少しでも和らげるために周囲の人々ができることについて、解説していきます。

不安障害の悩み

≫不安障害の併発に悩まされるＡＳＤ者も多い

「ＡＳＤ者は社会不安性障害や強迫性障害を併発しやすい」という研究結果があります。

２０１９年に発表された、デンマークの約３万人を対象とした人口統計データを用いた調査では、約20％の不安障害の併発率を示しています。アメリカのケネディクリンガー研究所の准教授であるVasaたちが２０１４年に報告した調査なども考慮に入れると、約20～40％、つまり「ＡＳＤ者5人のうち1～2人は不安障害を併発している可能性がある」ということです。イギリスのブリストル大学の名誉アカデミッククリニカルフェローであるNimmo-Smithたちが２０２０年に報告した調査では、不安障害の中でも社会不安性障害や強迫性障害の発症割合が、定型発達者と比べて特に高いことが報告されています。

１つめの**社会不安性障害**は、社会不安障害、社交不安障害とも呼ばれます。周囲の注目が自分に集まるような状況で「何か失敗して恥をかくのではないか？」という強い不安や恐怖、緊張を感じることを指しています。

社会不安性障害のある1人の当事者の方に、ご自身がどんな場面で不安を感じるのかを尋ねました。

この方は、幼少期に海外に住んでいた経験があり、小学生の時に日本の学校に転校しました。集団の中での協調性を重んじる文化の日本の学校の中で、自分だけ外れた行動をしないように大変な苦労を経験したことを語ってくれました。最初は、同じクラスの人たちは、なにかしらコミュニケーションの訓練を受けているんだと思い、自分もそれを身につけるために、テレビを見て、人がどんな時に相槌を打ち、笑い、振り向くのかといったことを勉強したといいます。

そうして少しずつ自分をカモフラージュしていったそうです（カモフラージュについては後ほど解説します）。そうした行動は、自分が人と違う行動をとることで、同級生の輪から排除されてしまうのではないかという不安からとった行動だったといいます。

特に苦手としているのは、いわゆるスモールトークだと教えてくれました。仕事などの具体的な内容について話すのは緊張しないものの、目的のないちょっとした会話をすることに大きな不安を感じてしまうそうです。例えば同世代の人と食事をする場面では、会話の輪に入っている空気を出さないといけない、目を見なければいけないなどといったたくさんの不安を抱えます。こうした会話の場面では、自分が暗黙に想定している定型発達者の期待する返しを自分ができているかが気になり、あたかも狭い橋から落ちてしまわないようにバランスをとっているような感覚でいることを教えてくれました。

ずれた言動をして相手を怒らせてしまうのではないか、相手に不快感を与えてしまうのではないか、そんなたくさんの不安を抱えながら、何とか定型の集団から浮いた存在にならないように努力してきた様子を、この方との会話から深く理解しました。

「ASD者は社会的な情報に対して無関心」というイメージが根強いからでしょうか、社会不安性障害の高い割合を意外に感じる方もいるかもしれません。

しかし実際にはASD者は社会的な情報に鈍感なわけではなく、受け取った情報に対する反応の様式が定型発達者と異なることから来る失敗の経験の蓄積により、定型発達者よりも社会的な情報にナーバスになり、強い不安を持っている場合が多いと考えられます。

日常生活に大きな影響を及ぼす強迫性障害

2つめの**強迫性障害**は、意志に反して頭に浮かんでしまった考えが頭から離れず（強迫観念）、その強迫観念で生まれた不安を振り払おうと何度も同じ行動を繰り返してしまう（強迫行為）ことで、日常生活に影響が出てしまう状態を指しています。例えば、

「不潔に思い（強迫観念）、過剰に手を洗う（強迫行為）」
「戸締まりがしっかりできているか不安に思い（強迫観念）、何度も確認する（強迫行為）」
「手順どおりに物事を行わないと不吉なことが起きるという不安から（強迫観念）、常に同じ方法で仕事や家事をする（強迫行為）」
「占いなどの結果に固執し（強迫観念）、縁起を担ぐというレベルを超えてこだわる（強迫行為）」
「同じ状態になっていないと不安という思いから（強迫観念）、物の配置・レイアウトにこだわる（強迫行為）」

などが挙げられます。「不安を生じる事態を抑えられる」と学習した行動（＝強迫行動）を無意識に繰り返すようになり、その行動が安定した日常生活を阻害するほどエスカレートしてしまうわけです。

闘争か、逃走か、フリージングか

そもそも不安とは、危険が迫ったときに適切に緊張状態を高め、身を守るために起こる、生体としてはごく自然な反応です。こうした場面では、自律神経の調節機能が働き、心拍数や脈拍や発汗の増進などが生じ、「闘争か逃走か（Fight or Flight）」と呼ばれる、自己防衛反応、つまり「危険となる対象に立ち向かうか、それとも逃げるか」のいずれかの行動をとりやすい状態がつくられます。

なお、「闘争か逃走か」の反応の他に、第三の反応として「フリージング（凍結する、固まる）」という反応も挙げられます。これは危険に対して自己防衛反応をとることができない状態を意味します。恐怖場面にさらされて何かしらの行動をとったものの、その行動が事態を好転させることに結びつかない経験を繰り返すと、「何をしても状況は変わらない」ことを学習することになります。

恐怖や不安の表情は、ＡＳＤ者の不安をさらに高める

闘争、逃走、フリージング……不安への反応はさまざまですが、ＡＳＤ者の中には不安

障害を抱えている人が多くいます。

では、ＡＳＤ者が不安を高めてしまうのは、どんな状況なのでしょうか？

１つは、**恐怖や不安の表情を目にしたとき**です。例えば、恐怖の表情を浮かべた顔画像を提示すると、ＡＳＤ者にさまざまな変化（縞模様のコントラストへの感度が上がる、わずかな角度のズレも認識できるようになるなど）が生じます。このときｆＭＲＩで脳の活動を計測すると、恐怖や不安といったマイナスの情動に深く関わる脳の扁桃体の神経活動が強くなることが報告されています。また、私たちの研究チームの研究では、視覚刺激の時間分解能も上がることがわかりました。つまり、**恐怖や不安の表情を目にすると、ＡＳＤ者は刺激に対してさらに敏感な状態になる**のです。

もう１つは、**ストレスのかかる環境にいるときや、体調がすぐれないとき**です。私たちのチームでは、恐怖の表情を浮かべた顔画像を提示したときに「時間分解能の向上の効果」と「不安の強さとの関係」について質問紙（状態・特性不安検査／ＳＴＡＩ：State-Trait Anxiety Inventory）を用いて検討しました。その結果、状態不安（注：この場合は実験場面での不安の高さを意味します）が高いＡＳＤ者ほど、嫌悪顔画像の提示による時間分解能の向上の程度が大きい傾向が見られました。

ＡＳＤ者から感覚過敏についてのさまざまな話を聞かせてもらいますが、

「会社や学校で人前に立って発表する前に感覚過敏が強まった」

「体調が悪いなあと感じていたときに感覚過敏が強まった」

という声が多いのです。

ですから、周囲にいる人たちがＡＳＤ者の不安を高めないようにできることは、

▪不必要に表情を用いて相手への怒りや嫌悪を表さないようにする

ことではないかと思います。

ＡＳＤ者は感情的な顔に対して不安を高めやすい一方で、表情の読み取りが苦手な傾向があるということも報告されています。感情的な表情によって漠然とした不安を高めているのかもしれません。ＡＳＤの方に対して自分の意思を伝えなければならない状況では、しっかりと言葉で伝えた方が、余計な不安感を与えることがないかもしれません。

また、ストレスや体調不良によって感覚が鋭敏になることを考慮すると、

▪ストレスのかかった環境をヒアリングし、できるだけストレス要因を取り除いておく

▪体調をくずしやすい状況を把握できるように促し、その場合は無理をさせない

……といったことも重要ではないでしょうか。

ケース7
いったいみんな、なにを話しているんだろう

――小学校の昼休み。Ｋさんは友人のＬさん、Ｍさんと3人で会話をしているが……。

Ｋさん：「それでね、私とＬちゃんが鉄棒をしていたときに……」
友人Ｌ：「そうそう、あのときＭちゃんがあとから来たんだよね」
Ｋさん：「あ、え……そうそう。あのとき私とＬちゃんが……」
友人Ｍ：「そうだったよね。で、Ｌちゃんが『2人とも前回りできる？』って難しい技を見せてくれたんだよね」
友人Ｌ：「そうそう！　その前の日にできるようになったばかりで、嬉しくて見てもらったんだよね」
友人Ｍ：「覚えてるよ！　すごかったよ！」
友人Ｌ：「ママと一緒に日曜日に練習してね……やっとできるようになったんだよ！」

友人M：「え、すごい！　Lちゃんのママって鉄棒得意なの？」

Kさん：「……（無言）」（私はあのときLちゃんと鉄棒のところにいて、そのあと私のところにMちゃんが来て……）

友人L：「うん！　今だって前回りも後ろ回りもできるんだよ！」

友人M：「へえ！　今度教えてもらってもいい？　KちゃんもLちゃんのママに一緒に教えてもらわない？」

Kさん：「う、うん……」（えっと、えっと…2人が何を話しているか全然わからないよ……）

——高校の昼休み。Kさんは友人のNさん、Oさん、Pさんと4人で会話をしている。

友人N：「で、そのカフェでLと2人で話をしていたら、1人のイケメン君が入ってきて……」

友人O：「そうそう！　かっこよかったよね！」

友人P：「え、誰似な感じ？」

友人N：「絶対にKのタイプだよね（笑）」

友人O：「うん、絶対だね（笑）」

Kさん：「（笑）」（よくわからないけど……笑っておこう）

友人N：「で、そのイケメンが隣の席に座ったから、私たち『ヤバい、どうしよう』ってなったんだよね」

友人O：「そうそう、あれはヤバかったね！」

Kさん：「それはヤバいね」（よくわからないけど……どうやらヤバかったのね）

友人P：「えー、いいなあ。K、今度は私たちも一緒に行きたいね！」

Kさん：「そうだねー」（よくわからないけど……合わせておくしかないね）

「木を見て森を見ず」の傾向があるASD者の中にはコミュニケーションのとりづらさを抱えている人もいます。私自身は、ASD者に見られる「エゴセントリック」（自分中心で世界を捉えるものの見方）の概念も、コミュニケーションの悩みの要因の1つになっているのではないかと考えています。

また、そのような悩みを抱えて生きていく中で、カモフラージュ（装うテクニック）を身につけていくASD者も見られます。

コミュニケーションのとりづらさ

≫会話の輪にうまく入れない

対人関係での悩みを抱えるＡＳＤ者も多くいます。

特に多く挙げられる悩みは、「会話の輪にうまく入れない」というものです。友達何人かで話をしている。友達同士ではうまく会話が流れているが、自分は途中から会話の中身がよくわからなくなってしまう――といった悩みです。

では、このような悩みはなぜ生じてしまうのでしょうか？

ＡＳＤ者の**「木を見て森を見ず」の傾向も要因の１つ**ではないかと考えられます。

会話という行為においては、「文脈を読む」「関係性を読む」「全体像をつかむ」などの作業を求められます、例えば、ある会話の中で、若い人の間で流行っている「ヤバい」という言葉が使われたとします。現代における「ヤバい」の意味は広がっていて、本来の「危険だ」「不都合だ」以外に、おいしい、面白い、きれい、楽しい……あらゆる場面で使われていますよね。ですから、「今、AさんがBさんに対して使った『ヤバい』は『楽しい』の意味なんだ」といったように、文脈、関係性、全体像などから推察する必要があります。「森＝全体」をざっくり見ることを得意とする定型発達者にとって自然に行える会話という行為は、「木＝部分」を肌理《きめ》細かく見るのを得意とするASD者にとっては苦手な行為なのです。

「会話の輪にうまく入れない」という悩みを抱えたASD者は、「学校での討論形式の授業、会社での会議などで、話している内容が理解できない」「学校や会社での休憩時間に周りの人たちと過ごすことに不安を感じてしまう」など、日常生活のさまざまな場面で苦しんでいる可能性があります。

また、ASD者の「木を見て森を見ず」の傾向に関連するものとして、「エゴセントリック」と「アロセントリック」の概念にも触れておきます。

「セントリック（Centric）」は「中心の」という意味です。エゴセントリックの「エゴ（ego）」は「自分」、一方のアロセントリックの「アロ（allo）」は「他者」という意味ですから、

▪エゴセントリック……自分中心

という意味です。

■アロセントリック……他者中心

定型発達者の多くは、世界を「他者中心」で捉えています。例えば、自分の他にあと3人（Aさん、Bさん、Cさん）がいたときに、「この世界には自分も含めて４人いて、自分とAさんとの関係があるように、AさんとBさんの関係、BさんとCさんの関係もある」といった感じで捉えています。

一方、ASD者は世界を「自分中心」で捉えている可能性があります。先ほどと同じように、自分の他にあと3人（Aさん、Bさん、Cさん）がいたときに、「自分とAさん、自分とBさん、自分とCさん」というように「自分対誰か」という関係性は理解しているのですが、これと同じように「AさんとBさん、BさんとCさん」という他者同士の関係性を理解することが感覚的に難しいようです。

ASD者のコミュニケーションでの悩みは、複数人で会話するときに多く見られるようですが、ASDの「エゴセントリックに世界を捉える」という特性が、悩みの要因の1つではないかと考えています。つまり、自分以外の他者同士が話している状況（例えばAさ

エゴセントリック

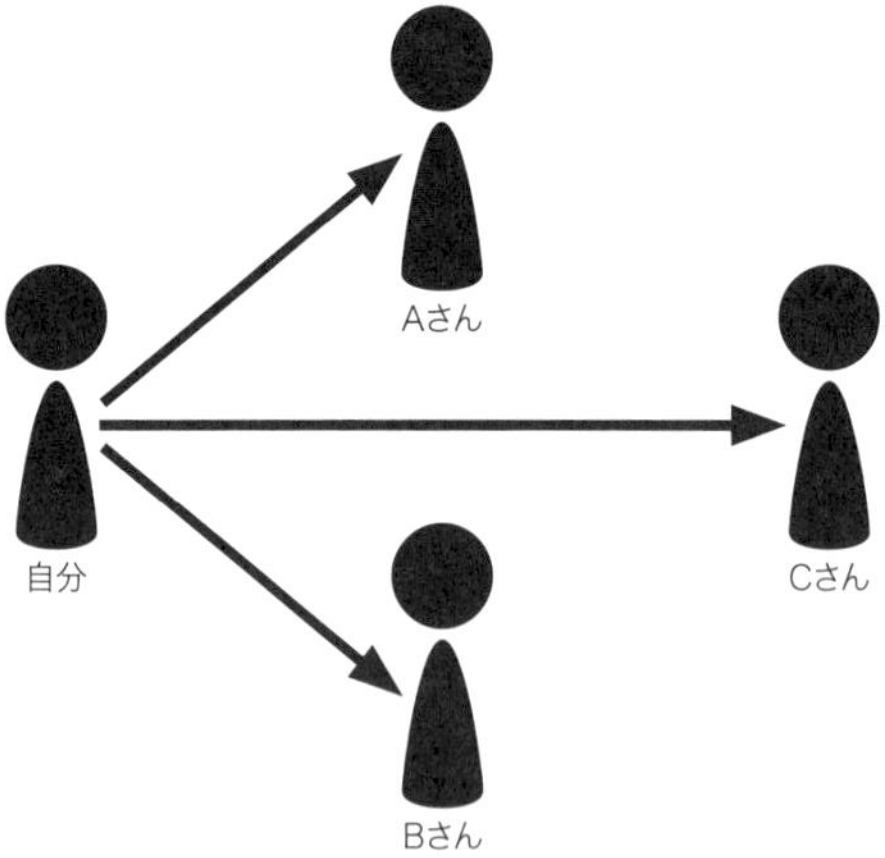

アロセントリック

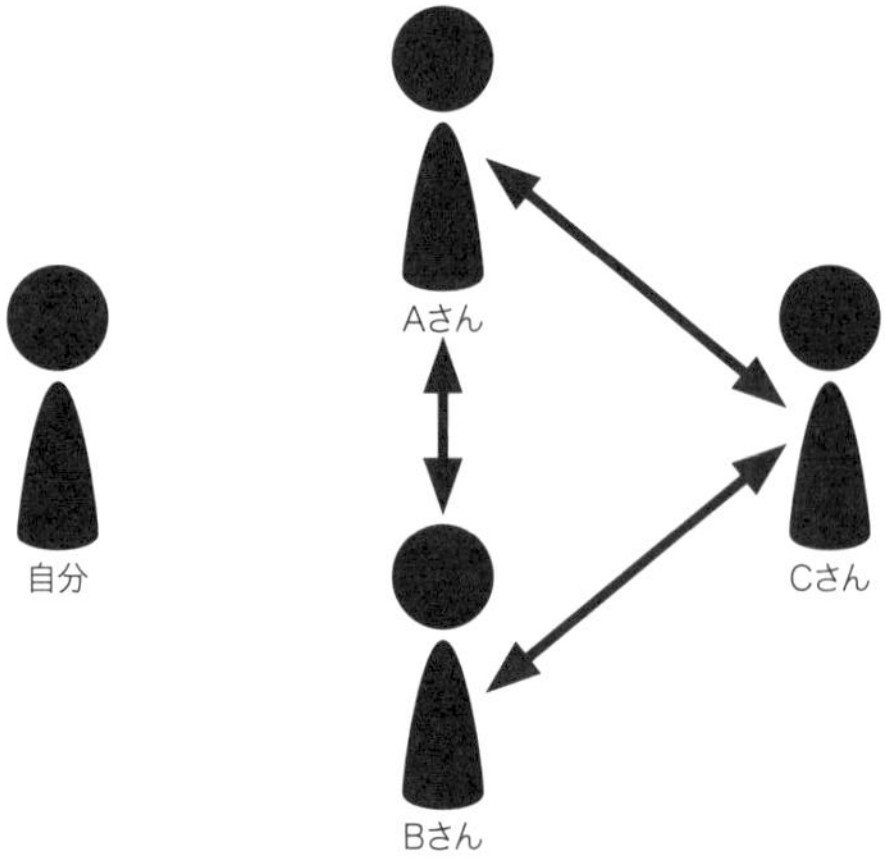

んとBさんが会話し、自分はその会話を聞いている）を俯瞰的に見ることができないのではないかと推察しているのです。

コミュニケーションの悩みからは少し逸れますが、ASD児に紙の上に人物画を描いてもらうと、画用紙からはみ出してしまう（頭や足が画用紙に描ききれない）ということがあります。このような描き方は、定型発達者のお子さんではあまり起こらない現象です。

なぜか？　それは定型発達者のお子さんは、紙の大きさを一つの「枠」と捉え、その中に全体を収めようという意識で絵を描いているからです。アロセントリックな視点で絵を描いているわけです。

一方、ASD児が絵を描いていくと枠からはみ出てしまうのは、紙の大きさを1つの「枠」として捉えることが苦手だからです。「枠の中に収めよう、そのためにはこのあたりに顔を描いて、全体の大きさはこれくらいにして……」といった考えが抜け落ちがちです。エゴセントリックな視点で、自由な位置から自由な大きさ・長さで筆を走らせていくので、収まりきらないのです。

第4章でも触れますが、「どちらが良い」「どちらが優れている」といった議論は不毛ですよね。個人的には「枠を意識せずに伸び伸びと自由に描けることは、素晴らしいのではないか」と感じます。

カモフラージュで隠そうとする

また、コミュニケーションに関するＡＳＤ者の悩みの1つともいえるのが、「カモフラージュ（camouflage）」です。

カモフラージュとは、ＡＳＤ者が定型発達者とコミュニケーションをとる際、ＡＳＤ特性が目立たないように、定型発達者の言動を真似したり、ＡＳＤ特性を隠そうとしたりする行動のことです。本人が意識的に行っている場合もあれば、無意識で行っている場合もあります。類似の表現としては「社会的カモフラージュ行動」「マスキング（masking）」「補償（compensation）」「仮の姿」「役を演じる」などがあります。

わかりやすい例を挙げると、「誰かの発言を周りの人が笑ったら、それに合わせて自分も笑う」といった行動です。「1人が面白いことを言って、その内容にみんなが笑っている。自分は何が面白いのかよくわからないが、とりあえず笑うことでＡＳＤ特性を隠す」といった行動をとるわけです。

ＡＳＤ者のカモフラージュは、会話時だけにとどまりません。日常のさまざまな行動に

及びます。例えば、保育園や幼稚園に通う園児であれば、

「ほんとは『ヒーローごっこ』なんてしたくない。でも、変だと思われたらイヤで言えない」

「粘土のにおいがきつくて大嫌い。でもみんなが楽しそうにやっているのに1人だけやりたくないなんて言えない」

「みんなで一斉に朝の挨拶をすると、声の大きさでクラクラしてしまう。でも、挨拶はやめてなんて言えない」

「誰かがさっきまで遊んでいたおもちゃには触りたくない。でも、そんなこと言ったらわがままだと怒られそうで言えない」

……といった感じで、日々我慢をしている可能性があります。

ＡＳＤ特性を隠すカモフラージュによって、ＡＳＤ者はさまざまな〝メリット〟を得られます。実際はともかくとして周囲とのコミュニケーションは円滑に進みますし、就学や就職など人生の転機において不利になることもありません。

ただ、その一方で、カモフラージュには大きな〝デメリット〟も生じます。絶えず自分の行動をコントロールしようとすることで強いストレスがかかり、精神的に疲弊し、抑う

つ状態や不安症などの合併につながる危険もあります。また、「仮の姿」で過ごしているため、自己肯定感が低下するともいわれています。

知的障害を伴わない高機能ＡＳＤ者などの場合、子どもの頃から無意識で行い、そのままスムーズに社会生活を送ることができていると、周囲も自分自身も「ＡＳＤ特性がある」ということになかなか気づけないことがあります。また、理由は定かではありませんが、「男性よりも女性の方がカモフラージュをすることが多く、周囲や自分自身がＡＳＤ特性に気づきにくい」といわれています。

ちなみに大きな環境の変化は、カモフラージュを困難にすることがあります。大学への進学などが一例です。「高校までは昔からの友達と過ごしてきたため、カモフラージュができたが、友達が一変し、また一人暮らしなどを始めて自分自身のライフスタイルも大きく変わった。そのため、それまでのカモフラージュが通用しなくなり、自分自身のＡＳＤ特性が露わになった」――といったケースです。

進学、就職、転職など人生の節目を機に「自分のＡＳＤ特性に気づきました」という人も多いのです。

ケース８
なんでみんな、同時にいろいろなことができるんだろう

――小学校の避難訓練。Ｑ君は避難の列には加わらず、大好きなパズルをやり続ける。Ｑ君はこの半年、自由時間はずっとパズルをしている。

先　生：「Ｑ君、訓練だから、この列に並んで」
Ｑ　君：「いや、僕はいいです」
先　生：「君がパズルがすごく好きなのは、先生もよくわかっているんだけど……」
Ｑ　君：「……（無言）」
先　生：「いざというときのための訓練なんだよ」
Ｑ　君：「僕はパズルがいい」
先　生：「これからみんなは教室を出て校庭まで行くんだよ。Ｑ君も行こう」
Ｑ　君：「僕はパズルがいいの！」（僕は他のことはしたくないんだよ……ほうっておいてほしいなあ）
先　生：「でも、大事なことなんだよ……」（どうすれば興味・関心のないことも体験して

くれるようになるのかな……）

――大学入学直後の昼休み。Q君はキャンパスのベンチに1人座っている。クラスメイトのR君、S君から声をかけられるが……。

友人R：「おっ、Qじゃん。次は何の授業とってるの？」

Q　君：「あ、いや、次の1コマは特に入っていない」

友人S：「カフェテリアのランチ、安くてめっちゃうまかったよ。よかったら食べてみたら？」

Q　君：「あ、ありがとう……」

友人R：「あと、サークルは決めた？　放課後にいくつか回ってみようと思うんだけど一緒に行かない？」

Q　君：「あ、いや、オレはやめとく」

友人S：「予定入っちゃってる？」

Q　君：「あ、うん……ごめん」

友人R：「了解。じゃあ、オレらは次の授業行くわ～」（なんだかそっけない態度だなあ）

サークル

友人S：「じゃあね」（Qはオレらのこと、あんまり好きじゃないのかな）

Q　君：「うん……じゃあね」（授業に、ランチに、サークル選び……大学に入ったら自分で決めなきゃいけないことばかりで、パニックになりそうだよ）

自分の好きなこと・好きなものがはっきりと決まっているASD者は、1つのことに熱中する傾向があります。それだけに、興味・関心のないことには見向きもせず、行動範囲が狭くなったり、社会活動をする上で必要なことが体験できなかったりします。

また、「手順などが決まっている1つの行動にじっくり取り組むのは得意だが、臨機応変に対処しなければいけない行動は苦手」という傾向があるASD者は、「自分で選択し行動する」「優先順位を決めて対応する」といった段階で、つまずきを覚えることがあります。

行動の悩み

》やめどきを見つけるのが難しく、行動範囲が狭くなりがち

「木を見て森を見ず」の傾向があるＡＳＤ者の場合、自分が興味・関心・好意を持つことに対して集中し続けるという面があります。

それだけに、行動のやめどきを見つけるのが難しいという悩みが生まれます。ＡＳＤ児の場合であれば、「幼稚園・保育園や小学校で、自分の大好きな水遊びの時間があった。先生に『お昼ごはんの時間なのでそろそろ終わりにしましょう』と促されたが、もっと続けたいので納得できない。水遊びを無理やり終わらせようとする先生に対する怒りが収まらず、思い切り泣き叫んで抗議してしまう」といったことが起こります。

また、自分の好きなこと・好きなものがはっきりと決まっており、こだわりが強いのもＡＳＤ者によく見られる傾向です。「絵を描くのが大好きで、壁一面に絵を描き続ける」「着心地を気に入り、季節を問わず一年中同じ服を着ている」といった行動もよく見られ

ます。このような傾向により、保護者などＡＳＤ者の周囲にいらっしゃる方々からは「行動範囲が狭くなってしまう」「さまざまな体験をさせづらい」「社会活動をする上で最低限身につけてほしいルールなどを身につける機会を見つけるのが難しい」といった悩みがよく挙がります。

常に同じ行動を繰り返しがちなＡＳＤ者は、今までとったことのない行動をとったり、今までに体験したことのないことを体験したり、好き嫌いに関係なく身につけておくべきことを習得したりすることに対してネガティブな反応を見せがちなのです。

》「その行動をとるのはなぜか？」と観察し、考え、行動の背景に思いをはせる

また、「木を見て森を見ず」のＡＳＤ者には、「手順などが決まっている1つの行動にじっくり取り組むのは得意」「臨機応援に対処しなければいけない行動は苦手」という傾向も見られます。

そんな彼らにとって、悩み深き時間の1つが「学校の休憩時間」です。授業であれば「何時何分から何時何分まで行われ、基本的には先生が指示を出してくれて……」と、ある程度の手順や流れ、基本ルールが確立されているので、それらに従うことで対処できま

す。

ところが、休憩時間となるとそうはいきません。次の授業の準備をするのか、トイレに行くのか、友達とおしゃべりするのか……など、さまざまな選択肢があり、自由に決められるからです。つまり、「自分で決める」ためには意思決定に必要となるさまざまな情報を適切に処理し行動を実行することが必要であり、状況判断などが苦手なＡＳＤ者にとっては快適な時間ではないかもしれません。

中学校、高校時代は、まだそれでもいいのです。基本的にはクラス単位で行動し、教室も決まっていて、朝から夕方まで授業カリキュラムが詰まっているからです。

これが大学に入学した場合には〝臨機応変度〟のレベルが数段階上がります。授業は何を選択するか、授業の合間はどこでどう過ごすか、お昼はどこで何を食べるか……など、日常の選択肢が飛躍的に増えるからです。

社会人になると〝臨機応変度〟のレベルがさらに数段階上がります。会社に入ると「この作業をずっとやっていてくれればいいから」という状況に置かれることは基本的にありません。レベルの違いこそあれ、Ａの作業とＢの作業を自分で算段しながら並行して進めるマルチタスクの能力・技術が求められます。

さまざまな体験や効果的なサポートやトレーニングを通して、ある程度臨機応変に対応することに慣れていくことが1つの方法だと思いますが、学びや仕事の環境が変わったときに、人知れず悩みを抱えているASD者は多いのではないかと思います。

ですから、ASD者の周りにいる定型発達者の方々が維持すべき基本スタンスは、

「その行動はおかしい、他の人に迷惑をかけてしまう」といった理由で直そうとすることではなく、

「その行動をとるのはなぜなのかな?」と観察し、考え、行動の背景に思いをはせることだと私は思っています。

第4章
発達障害の人と共によりよく暮らすには

障害か？　個性か？

「当事者が自分で対処すべきもの」と捉えられているが……

これまでの章を通じて、感覚過敏・感覚鈍麻といったＡＳＤ者の「感覚の問題」について解説してきました。

では、このようなＡＳＤ者の感覚特性は「障害」として扱うべきものなのでしょうか？

ＡＳＤ者の感覚特性は２０１３年のＤＳＭ－５出版時に診断基準が改定され、注目を浴びるようになりました。このことは第１章で触れました。それまで注目されてきたＡＳＤ者のコミュニケーション特性がそうであったように、感覚特性もまた**「治す必要のあるもの」**という大前提で研究や支援が進められているように感じます。少なくとも「周囲が配慮をすべきもの」というよりも「当事者自身が自分で対処すべきもの」という考えを多くの人がなんの疑問も持たずに抱いているのではないでしょうか。

確かに、感覚過敏や感覚鈍麻は当事者の日常生活に大きく影響し、学校や職場での適応を難しくする一因になります。少しでも症状を軽くしたい、対処法を知りたいという方は多いでしょう。

一方で、こうした問題の背景には、高い時間分解能であったり、細部の情報を詳細に分析する感覚の特性などが関係している可能性があります。こうした感覚の特性そのものは、それが良いもの悪いものといった評価軸で判断される事柄ではないと考えています。そこにあるのはあくまで個人間の「違い」であって、**「そもそも自分と隣の人が同じものを見て、同じように感じている」という前提自体が間違っている**のです。

≫私自身も持つ「隣の人とものの見え方が違う」感覚

「自分の見ているものと隣の人が見ているものは違う」――私にもその感覚の一端を知る特徴があります。

私には色覚異常（２０１７年に日本遺伝子学会より〝色覚多様性〟という呼称が提案されています）があり、子どもの頃からしばしば周囲と色の見え方が違うのではないかと感じる場面がありました。特に赤色と緑色の見え方が周囲の人と違うようなのです。

歳を重ねるごとに、このことを自覚していきました。例えば、学会発表の際にプロジェクターに投影された資料。赤色で強調された文字が黒文字と同じに見えてしまい、発表者がどこを強調しているのかわからないことがしょっちゅうあります。目が充血しているといわれてもピンとこなかったり、すりむいて皮膚が赤くなっているといわれてもよく見えなかったりします。娘の育児でも、少し困ったことがありました。赤ちゃんのおむつには、おしっこをしたことを知らせるために、濡れると色が変わる淡い緑系のラインがあります。この色の変化が見えなくて、子どもが生まれたての頃は困って、手触りなど別の手がかりで確認するなど方法を模索しました。私の父も色の見え方が人と違うようで、私にもそれが現れていることを母は心配していました。

子どもの頃は特に自分が周囲の人と違う物の見え方をしているなど思いもよらず、歳を経る中で自分と他人を比較するような出来事が積み重なり、やがて自分と他の人との違いを自覚するようになりました。

こうした経験の重ね方、および自分と人との違いの受け入れ方は、感覚過敏や感覚鈍麻のあるASD者ともある程度共通しているのではないかと思います。

例えば、感覚過敏であれば、日常的に強い刺激を感じ取りながら過ごしているわけですが、自分の感覚を周囲と比較することなどできません。したがって、初めの頃は自分が経験している過敏な感覚を周囲も経験していると当然のように受け止め、その中で日々の生活を過ごすことに精一杯なのではないでしょうか。しかし、周囲の人たちが自分では耐えられないような刺激を難なく受け止めていることを知る機会を重ねていく中で、「自分の感覚は過敏なのではないか？」と気づけるわけです。

平均的な感覚を持つ人の場合、自分と他人の感覚の違いについて自覚するのが難しいかもしれません。そういう意味では、感覚過敏や感覚鈍麻といった感覚特性は、その人が「自分と他人の違い」や人の多様性について理解を深めることに大きな影響を与える要素だと感じます。

感覚過敏や感覚鈍麻はＤＳＭ－５においてＡＳＤの診断の一つに組み込まれたことを述べました。したがって、そのＡＳＤの状態像（症状のパターンを型にまとめたもの）の一部分を、感覚の問題が担っていることは間違いありません。

しかし、これまで見てきたように、感覚にはさまざまな理由によって個人差が生まれます。第2章でネッカーキューブを取り上げましたが、その例が示すように、ものの見え方や感じ方は、その時々でも変わるものですし、人それぞれ違います。ですが、私たちはさも「皆同じように世界を見ている」かのような誤謬《ごびゅう》の下で日々過ごしています。そもそも皆少しずつ異なる感覚を持っていて、少しずつ違う形で世界を捉えているのであれば、ASDの方の感覚もまた「個性」の一つのあり方として捉えることができるかもしれません。

ASD者の感覚が「障害」であるか「個性」であるかの議論は、それが当事者の生活における適応の困難にどの程度結びついているかという視点で捉えたときと、純粋に感覚の個人差の大きな広がりの1つとして捉えたときで、答えが変わってくるのではないかと考えています。

マクロな捉え方からミクロな捉え方へ

ASDという名前に含まれる〝スペクトラム〟という言葉は、濃淡のある多様な特性が重なり合って一人の人間の像を形成していることを表しています。

定型発達者といっても、「ASDの特性を一切持たない集団」というわけではなく、「誰もがある程度は特性を有している」という主張がなされてきました。

もし定型発達者とASD者を、自閉症の傾向の程度に従って一連の軸上に並べたとします。これを俯瞰《ふかん》したとき、ある一定の自閉傾向を超えたあたりから、少しずつ診断がつく人が現れていくようなイメージが、スペクトラムという言葉の1つの捉え方です。

こうしたマクロなＡＳＤの認識は、定型発達者がＡＳＤ者のことを自分の延長線上に捉え、自分たちも持つこだわりや社会性の個人差から、当事者についての理解を深めることに役立ちます。

一方で、このマクロな認識だけでＡＳＤ者を理解したと考えてしまうと、ＡＳＤ者をステレオタイプに捉え、当事者の中にも当然存在している個人差について無知になりがちだという側面があると考えます。

実際には、マクロな視点からは見えない多様な特性が折り重なって一人の当事者の像を形成しているといえます。こうしたミクロな視点から、個人個人の特徴に目を向けていくことも、より深く当事者の実際を理解して、その一人ひとりを尊重した関わりを行うためには必要不可欠です。

例えば、感覚の特性について考えても、

- 刺激を知覚する閾値（感覚や反応や興奮を起こさせるのに必要な最小の強度や刺激などの量）の個人差
- 刺激によって引き起こされる神経活動を調節する個人差
- 刺激に対して情動的に反応する個人差

など、さまざまな個人差が生じます。

このようなことから、研究の手法に関しても、従来のような「特定の脳部位の活動や構造を取り上げて、ひと括りにＡＳＤ者と定型発達者を比較する」といった形に疑問が投げかけられています。

つまり、「ＡＳＤ者全員が共通して持つ特徴がある」と仮定するのには無理があるということです。

今後は「ＡＳＤ者とは」といった大ざっぱなものではなく、「〇〇さんは」という単位で個々の知覚・認知の特徴に注目し、その特徴の背景にどのような原因があるのかを考えることが求められます。診断基準や研究手法も、それに伴って変化していくはずです。

発達障害の持つ力

≫敏感すぎる感覚だからこそ、この世界の美しさを描ける

ＡＳＤ者を対象にした研究は、当事者が視覚、聴覚、触覚にまたがって高い知覚の精度を持つことを示してきました。本節では、ＡＳＤ者の持つ感覚の特性が、優れた芸術や技術として活かされることがあるということについて解説していきたいと思います。

私はこれまで、絵を描くことに優れた能力を発揮するＡＳＤの方に多く出会ってきました。風景画であればとても緻密にその細部を描き、抽象画であればとても規則的なパターンを表現します。こうした絵を描く力には、鋭敏な感覚が関わっているのかもしれません。定型発達者が何気なく捉えている世界の風景を、ごくわずかな角度のずれも見逃さず、特徴的な部分にすぐに目が行くといった形で処理をしていたとすれば、頭の中に描かれる世界のイメージはとても豊かなものでしょう。その豊かなイメージを描画しているからこそ、特徴的な絵画が生まれるのかもしれません。

また、ＡＳＤの方の中には、楽器の演奏に優れた能力を発揮する人がおり、例えば天才的なピアニストにＡＳＤの方がいたりします。こうした能力にも鋭い知覚が関係している可能性が高いと考えます。わずかな音の高さを聞き分ける力や、通常では聞き取ることができないようなかすかな音色にも耳を傾けることができる力は、豊かな音の世界を頭の中につくり上げることでしょう。そうした豊かな音の世界を知っているからこそ、それを表現することもできるのだと思います。また、指先の優れた感覚は、楽器を操ることに活きてくるはずです。第3章で、平均の10分の1の触覚の時間分解能を持つ当事者を紹介しました。この指先の高い時間分解能は、例えばピアノの鍵盤をごくわずかな時間差で叩くことで美しいメロディを奏でるときなどに活かされるでしょう。また、高い感度の指先を持つことで、繊細な打鍵によって音を表現することができることにもつながると考えられます。

このように、ＡＳＤ者の持つ感覚の敏感さは、実はさまざまな分野における類《たぐい》まれなる表現の背景に関わっているのではないかと私は考えています。

≫ただし、過度に祭り上げると新たな分断が生まれる

とはいえ、ここで注意したいのは、ＡＳＤ者の持つ感覚の特性を過度に祭り上げ、一種の才能のようにもてはやす方向に議論が進んでいくことです。以前は「治療の必要があるもの」として扱われてきたわけですが、それを個性として捉えようとする流れの延長線上に、「素晴らしいもの」として賛美する傾向があるように感じています。

これから解説していきますが、ＡＳＤ者の中には自分自身の感覚特性を発揮する環境に恵まれ、活躍している人たちがいます。それは素晴らしいことです。

けれども、特定の誰かの感覚特性にクローズアップしてしまうと、そういった特性を持たない人たちを「この子はなぜ、テレビで活躍しているあの子のようにできないのか？」という目で見るようになります。「ＡＳＤ者と定型発達者は違う」と見なしてきた時代と「感覚特性を発揮して活躍しているＡＳＤ者とそうでないＡＳＤ者は違う」と見なす時代——分断が生まれる構造はまったく同じです。それでは意味がないのです。

そうではなく、

「一人ひとり誰もが違う。そんな個人の違いを潰《つぶ》す必要のない世界であってほしい」

と私は願っています。

そのような大前提を理解していただきつつも、ＡＳＤ者の方々は時に素晴らしい芸術や技術に結びつくような感覚特性を持っています。そのいくつかについて紹介していきます。

共感覚を持つ人がいる

「共感覚」とは、文字を見ることによって色の感覚を経験したり、音を聞くことで色の感覚を経験したりと、通常の感覚に加えて別の感覚が無意識に引き起こされる現象のことです。

- **文字や数字に色がついて見える（色字）**
- **音に色を感じる（色聴）**
- **味から形を想像する**
- **痛みと色が結びついている**
- **色を見て音を感じる**

など、さまざまなパターンがあり、分類のしかたにもよりますが、一説には現在１５０種類以上もの共感覚が確認されているといいます。人によってパターンはさまざまですが、自分自身の中でのパターンは基本的には生涯変わらない（例えば、「自分は数字に色がついて見える」という人の場合、その見え方が途中で変わることはない）ようです。

このような**共感覚を持つ人とＡＳＤ者の間にはなんらかの共通した生理学的基盤があるのではないか**と注目され、研究が進められています。イギリスのケンブリッジ大学教授であるBaron-Cohenたちが２０１３年に報告した調査では、なんらかの共感覚を持つ人の割合が、定型発達者では７・２％だったのに対して、ＡＳＤ者では18・９％と高い割合でした。その他の調査では、文字から色を感じる色字共感覚者に限定して調査を行った場合でも、ＡＳＤ者では17・２％と高い割合で、定型発達者の１・１～２・０％という割合と大きく異なる値でした。

第2章で、定型発達者よりもＡＳＤ者の方が、

- **ある特定の脳領域と脳領域の結びつき（活動の同期）が、定型発達者よりも強い（過剰）**
- **ある特定の脳領域と脳領域の結びつき（活動の同期）が、定型発達者よりも弱い（過小）**

といった傾向が見られるという解説をしました。

脳はある発達段階でシナプスの〝刈り込み〟と呼ばれる作業を行うのですが、これは余分なシナプス間の結合を除去する現象のことを指します。この〝刈り込み〟がうまく行われないと多くの配線が残り、その結果として「ある特定の脳領域と脳領域の結びつき（活動の同期）が、定型発達者よりも強い（過剰）」状態となる可能性が考えられています。

脳のある領域と他の領域が通常より強い結びつきを維持することで、本来は別個の感覚である文字、音、色といった異なる感覚の結びつきが生じているのではないか——という仮説が提唱されているわけです。

このような仮説に対し、「単純に脳の特定領域における神経の強い結びつきだけでは、共感覚者の実際の体験を十分に説明できない」という研究知見もあります。研究の余地がある分野ではありますが、**「定型発達者よりもASD者の方が、何らかの共感覚を持つ人の割合が高い」**ということはいえそうです。

音を「見る」感覚が生み出す絵画

このような発達障害のある共感覚の持ち主が、素晴らしいアート作品を生み出しています。その一人が、牧野友季さんです。

牧野さんは、音に色を感じるということを語ってくださいました。「色聴」の共感覚者のようです。

牧野さんが描いた絵画作品の1つが『時の冒険』です。とても細かな幾何学図形を、まるでパズルのピースを組み合わせるように配置しています。

この作品を描く工程はとても興味深いものでした。音から感じる色をキャンバスの中央から描き始め、その周囲をぐるぐると色で埋めていったといいます。牧野さんの頭の中にある絵は、このキャンバスの範囲に収まらず、実際にはもっと外に広がっていくものだったそうです。

第3章では、ＡＳＤ者がエゴセントリックに世界を捉える傾向があることを解説しました。これは、物の位置を把握するときに、それを囲む枠との関係性をあまり意識しないことと関係します。ＡＳＤの方の場合、字の練習のときに枠から字がはみ出てしまったり、絵を描くときに用紙からはみ出してしまったりすることがしばしば見られます。その一方で、枠を意識しない絵画の表現は、牧野さんの作品のようにのびのびとした豊かな表現にも結びついています。

このような共感覚とＡＳＤならではのエゴセントリックな世界の捉え方が合わさって、

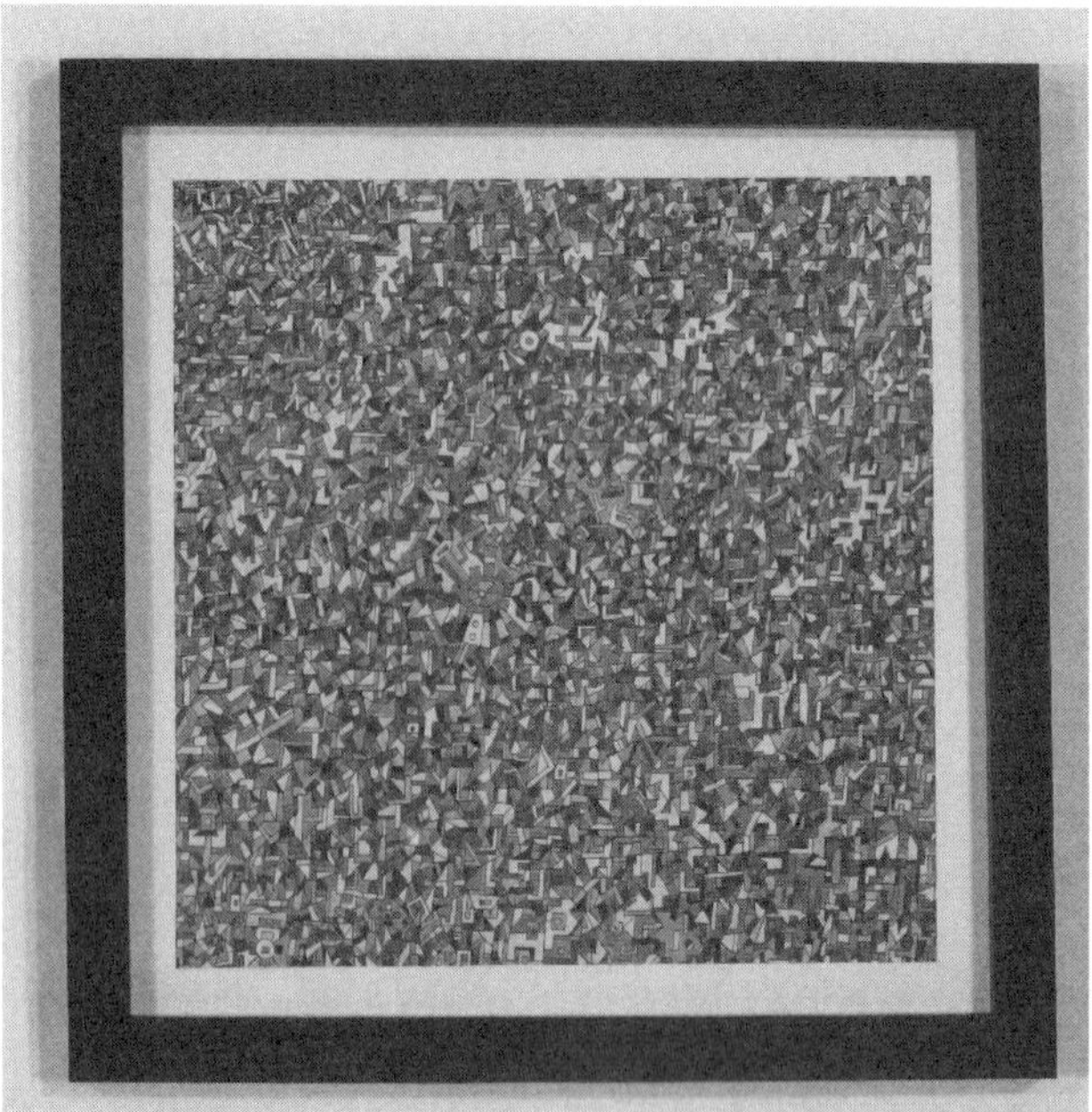

『時の冒険』牧野友季

素晴らしいアート作品が生み出されているのです。

絶対音感の持ち主がいる

ＡＳＤ者の中には「絶対音感」を持つ方が一定の割合でいる可能性が示唆されています。絶対音感とは、「聞こえてきた音の高さを、他の音と比較することなく瞬時に判別できる能力」のことです。「ドアのノックの音を聞いて『ミ』の音だとわかる」「犬の吠えた声が『ソ』だとわかる」といったように、日常生活の音を聞いただけで絶対的な音の高さ（音名）がわかってしまいます。

なお、音感の種類には、絶対音感と相対音感の2つがあります。相対音感とは、「2つの音を聞いたときにどちらの音が高いかを判別する」「基準音（例えば『ド』の音）を出された後に、次の音を出されたときに、その音名を判別する」といった能力のことです。

では、なぜＡＳＤ者の中に絶対音感を持つ人がいると考えられるのでしょうか？　音は、周波数と音圧という2つの要素に分解できます。周波数は音の高さのことを指し、波がより細かい（密である）ほど高い音に聞こえ、粗いほど低い音として聞こえます。音圧は音の大きさのことを指し、dB（デシベル）という単位で表されます。

ＡＳＤ者では、わずかに周波数が異なる音を正確に区別できることが報告されています。カナダのモントリオール大学の教授であるMottronらが２０００年に報告した研究では、一定の長さの2つのメロディーを順番に実験参加者に聴かせ、その両者が同じか違うかの判断を求めました。その際、ある条件では、全体のメロディーは変わらないものの、途中から音の高さがわずかにズレて提示されます。このわずかにズレた音高を、ＡＳＤ者は定型発達者よりも鋭敏に検出することができました。

また、ＡＳＤ者は、わずかな音の大きさの増加であっても、定型発達者よりも大きな変化であると知覚することが報告されています。

定型発達者のミュージシャンで絶対音感保持者と絶対音感非保持者を対象として、音の高さを特定する絶対音感のテストを行い、自閉症の傾向の強さとの関連を調べた研究があります。その結果、自閉症傾向が強い人ほど絶対音感保持者が多いことが示されました。

ただし、ＡＳＤ者と定型発達者それぞれ44名を対象とした実験では、ＡＳＤ者と定型発達者の絶対音感の程度を比較したところ、ＡＳＤ者の方がむしろ絶対音感の程度は低いということも報告されています。したがって、ＡＳＤ者全体が絶対音感の傾向を強く持っているというよりも、その中に一定の割合で絶対音感を持つ人が含まれており、その人がきわめて優れた絶対音感の能力を保持している可能性がある、と考えた方が妥当かもしれません。

いずれにしても、わずかな音にでも反応してしまうような特性は、日常生活のさまざまな場面における苦しみと結びついていることが想像できます。学校で突然流れるスピーカーの音にパニックになったり、お店で流れるBGMに苦痛を感じたり、映画館の中の反響音に耐えられなかったり……といった苦しみです。

一方で、その感覚特性が日常生活を豊かにしている可能性が想像できます。例えば、ふと聞こえてきた交響曲。多くの人には１つの音にしか聞こえないかもしれませんが、音を鋭敏に聞き分けられる人には「ああ、バイオリンとチェロとオーボエの音色が美しいなあ」といったように、今どんな楽器が同時に演奏されているのかがわかったり、「やっぱり〇〇さんの奏でるフルートの音色は感情表現が豊かだな」といったように、演奏者の巧拙もより深く味わえているように推察します。

ＡＳＤ者は定型発達者よりも音に苦しめられている人たちかもしれませんが、定型発達者よりも音の素晴らしさを堪能している人たちでもあるのかもしれません。

〝間違い探し〟に優れた能力を発揮する

「木を見ること」を得意とするＡＳＤ者は、いわゆる**〝間違い探し〟に優れた能力を発揮**します。

次の図形を見てください。この中から１つだけ異なる特徴を持つ図形（この例では薄い色の傾いた線）を素早く見つけ出してボタンを押して回答し、その反応時間を調べる課題を「特徴探索課題」と呼びます。ＡＳＤ者はこの課題を得意とし、定型発達者と比較して目標の図形を素早く見つけ出すことができました。

つまり、たくさんの妨害情報の中に１つだけ隠れた目標物を瞬時に見つけ出すことができるのです。

また、さまざまな研究を通じて、ＡＳＤ者の中には

- **わずかな角度の違いを弁別できる感覚特性**
- **わずかなコントラストの違いを弁別できる感覚特性**

を持つ人がいることも明らかになっています。

特徴探索課題

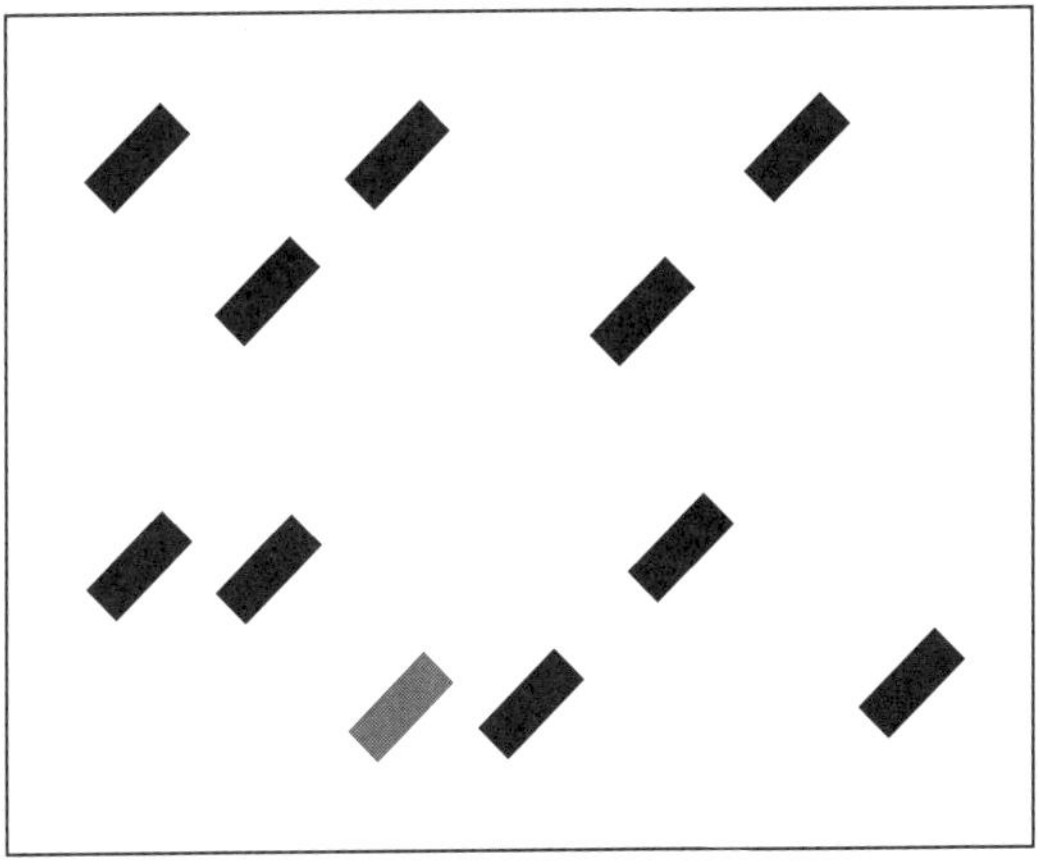

このような能力を積極的に取り入れようとする動きが、海外では始まっています。

例えば、マイクロソフトは2015年から自閉症採用プログラムを行い、当事者をソフトウェアエンジニアやデータサイエンティストなどとして雇用してきました。膨大な量のプログラムの中からエラー（バグなど）を検出する際、ASD者の「わずかな違いに気づく力」はプラスに働く可能性があります。また、プログラムは一定の規則性に従って構築する必要があるため、ASD者の思考スタイルがマッチすることもあるでしょう。

また、先ほど紹介したMottron教授のチームでは、ASD者を雇用しているといいます。論文の校正作業などで、間違いを瞬時に見つけ出す能力が生かされていて、チームの研究をサポートしているそうです。

ただ、こうした話から、当事者の周囲の人がすぐに「ではプログラムをやらせよう」などと考えるのは危険です。ASD者の全員が間違いを見つけ出すことを得意としているわけではないですし、ましてやプログラム技術を習得するためには、それ以外のたくさんの技術が必要とされるのですから、全員が向いているとはいえません。一人ひとりの特性に合わせて、得意としていることを伸ばすことが必要だと考えます。

≫ＡＳＤ〝でも〟ではなく、ＡＳＤ〝だから〟科学に貢献できる

共感覚を活かしたオリジナリティのあるアート作品創造、絶対音感を活かした音楽分野での活動、わずかな違いに気づける感覚を活かした仕事……ＡＳＤ者の感覚特性を活かした活躍の一部について、ここまで触れてきました。

雑誌『NATURE』の２０１１年３日号の記事の中に「The power of autism（自閉症の力）」と題する記事が掲載されました。その記事中には、

"I believe that they contribute to science because of their autism, not in spite of it."

（自閉症〝でも〟ではなく、自閉症〝だから〟彼らは科学に貢献できると信じている。※著者訳）

という一文がありました。まったく同感です。

本書で取り上げた分野や内容にとどまらず、今後より多くの分野・内容で、自分自身の感覚特性を活かして、多くの人々が活躍してくれることを願ってやみません。

発達障害者の周囲の人ができること

≫〝未来につながる発達〟を支援する

この章の締めくくりとして、ＡＳＤ者の周囲にいる人たちができることについて、あらためてまとめておきます。

１つめは、**「感覚の問題」という目に見えない悩み・苦しみをＡＳＤ者が抱えている可能性を、心にとどめておく**ということです。

自分自身にとっては、ささいなことである「いつもとは違う道を歩く」という行為が、あるＡＳＤ者にとっては「まったくの別世界に足を踏み入れる」という恐怖を持つ行為なのかもしれません。突き詰めていうならば、たとえ定型発達者同士であっても、お互いの感覚は決して共有できるものではないのです。

２つめは、お互いの感覚特性の違いを受け入れた上で、**先入観を持たず、じっくりと観察すること**です。わがままのように見える言動も、実際は何かを訴えるサインなのかもしれないからです。

３つめは、じっくり観察した上で、**「その行動をとるのはなぜなのかな？」と考え、行動の背景に思いをはせること**です。「その行動は非常識だ」「他の人に迷惑をかけてしまう」といった理由で行動を修正しようとするのではなく、「なにを得たくてその行動をしているのか」がわかれば、より良い解決策を見出せるはずです。

４つめは、**専門家の応援や支援を信頼し、協力を仰ぐこと**です。私の研究に協力してくれている作業療法士の松島佳苗先生は、

「私の仕事は、ＡＳＤのお子さんたちの〝今〟を支援すること、〝未来につながる発達〟を支援することです」

という主旨の発言をされていました。

〝今〟を支援する――これは現在の生活の中で抱えている困りごとを少しでも減らしていくために、ご家族、幼保の先生・学校の先生などに提案をしながら、当事者のお子さんがより快適に過ごせるような環境を整えることだそうです。

〝未来につながる発達〟を支援する――これは運動の苦手（上下肢の協調運動など）を克服できるようなサポートをしたり、本人が興味・関心・好意を持つことのできる体験をサ

ポートしたり、時に自分の世界を広げるために一歩踏み出す体験をサポートしたりすることです。

効果的な支援を行うためには、一人ひとりのＡＳＤ者の発達段階や感覚特性に合わせて何が最適なのかを都度判断するスキルが求められます。このような専門スキルを持った人たちと密な連携をとることが、ＡＳＤ者の個性を認める社会、ＡＳＤ者の生きやすい世界の構築につながっていくと私は思います。

終 章

発達障害者が
活躍できる社会に

今後の研究と課題

≫感覚鈍麻に関する研究の進展

今後、発達障害の研究はどのように進展していくでしょうか？　一研究者として、私見を述べさせていただきます。

まず1つめですが、**感覚鈍麻に関する研究は大きく進む**と考えています。

第1章で解説しましたが、アメリカで2013年に発行された『DSM－5』の診断基準改定の際に「感覚過敏」「感覚鈍麻」がASDかどうかの診断基準で重要となった経緯があります。つまり、感覚の問題は、ASD者の抱える問題の中でも比較的最近注目されるようになったものなのですが、研究論文のほとんどは感覚過敏のみを扱うもので、感覚鈍麻をテーマに研究を行ってきた例はきわめて少ないのが現状です。

感覚鈍麻の研究が遅れている理由として、感覚過敏よりも感覚鈍麻の方が、自他ともにわかりにくいという点が挙げられます。

感覚過敏、例えば「明るい光に目がチカチカしている」という場合、当事者も周囲の人たちも「敏感に反応している」と気づきやすいですよね。一方で感覚鈍麻、例えば「暑さ・寒さをあまり感じない」という場合、特に反応しないということになるので、感覚過敏と比較すると見た目にもわかりづらく、当事者も周囲も気づきにくいのが現状です。ただ、感覚鈍麻は、五感すべてで起こっているのかもしれないとも想像でき、非常に研究しがいのあるテーマなのです。

感覚鈍麻と聞くと、私たちは真っ先に「痛みに対する鈍麻」や「暑さ・寒さに対する鈍麻」といった触覚に関する鈍麻を思い浮かべるように思います。ところが、もしかしたら視覚鈍麻（目に飛び込んでくる刺激情報に鈍い）、聴覚鈍麻（耳から入ってくる刺激情報に鈍い）という特性を持っている人がいるかもしれない（例えば、定型発達者であればシグナルとして受け取れるサインを視覚鈍麻の人が見落としてしまう——といったことが起きている可能性がある）のです。

感覚鈍麻はＡＳＤ者個々の特性を知る上でのキーワードとなる可能性があります。研究者の一人として私も大いに注目しており、感覚鈍麻に関わる脳神経回路などを調べてみたいと思っています。

》「感覚過敏と感覚鈍麻の同居」に関する解像度がより鮮明になる

2つめですが、**神経伝達物質GABAの役割もさらに解明される**と考えています。

GABAは脳や脊髄で神経活動を安定させる抑制性の神経伝達物質として知られていますが、大事なのは「神経の働きを適度な状態に調節する」という働きをしている点です。「過剰に興奮させない」という働きばかりに注目が集まっていますが、「適度な興奮状態を維持する」という働きも担っているわけです。

第2章で「感覚過敏と感覚鈍麻が同居する人がいる」と書きましたが、なぜそのようなことが起こるのかは、まだ明らかになってはいません。ただ私は、「GABAの供給バランスの乱れによって安定状態が保たれないのではないか」という仮説を立てています。

つまり、

- ある脳領域では神経の働きが過剰に抑制されて、関連部位が感覚鈍麻に陥る
- ある脳領域では神経の働きが過剰な興奮状態に陥り、関連部位が感覚過敏になる

といった状態です。

さらにいえば、「感覚過敏と感覚鈍麻が同居する人がいる」だけではなく、「一人の人が、

あるときは感覚過敏、あるときは感覚鈍麻」という状態に陥っている可能性も考えています。例えば「コントラストの強いものを見ると目がチカチカする」という視覚過敏の人がいたとします。その人が常に感覚過敏かというとそうではなく、あるタイミングではむしろコントラストに鈍感な視覚になっている場合もあるのではないか——と推測しているのです。

視覚情報は、コントラスト、明るさ、色、傾き、肌理など、さまざまな要素に分解できます。研究が進めば、「視覚情報の中でも、色は鈍麻、傾きは過敏、明るさは鈍麻ときどき過敏……」といったように、感覚特性が個別具体的になっていく可能性があります。

GABAは、私の研究のキーワードの1つでもありますので、実験などを通して解明に迫りたいと思っています。

複数人との会話が苦手な理由と対処法が明らかになる

3つめは、**ASD者の方々がなぜコミュニケーションが苦手なのか、その理由がより明らかになるのではないか**と考えています。そのカギは、感覚の時間処理の精度、つまり「どの感覚をどのタイミングで処理するか」が握っているのではないかと推測しています。

錯覚の1つに「腹話術効果」というものがあります。実際には別のところから音が聞こえているのに、その音に対して適切な動きをしているように見えるものから音が出ていると錯覚してしまうことです。音源を定位する際に、視覚情報を手掛かりにすることから生じる効果で、腹話術師がしゃべっているのに、腹話術の人形がしゃべっていると思い込んでしまうのは、このためです。

ある研究では定型発達者とASD者に次のような実験をました。

① ある人がカナヅチで物を叩いている映像と、カナヅチで叩いた音を流す。映像と音はあまり時間差がない場合と大きく時間差がある場合がある。

② ある人が口パクしている映像と、口パクに合わせてしゃべっている音声を流す。映像と音はあまり時間差がない場合と大きく時間差がある場合がある。

この②の映像と音の時間差が大きい条件は、まさに腹話術師いっこく堂さんの十八番芸「あれ……声が……遅れて……聞こえて……くるよ」のイメージです。

では①、②の結果はどうだったか？

定型発達者の場合、ほとんどの人が①も②もほぼ同じ時間差で「おかしい」と気づいたのですが、ＡＳＤ者の場合は①のカナヅチの例はすぐに「あれ、おかしいぞ」と気づけるのですが、②の人の会話の場合はなかなかズレに気づけないということがわかりました。

この結果は、ＡＳＤ者は複数の人の話し声が聞こえるような場所で、相手の会話の内容を理解することが苦手だということの理由の一端を説明するかもしれません。そうした場面では、複数の人の顔や声、身振りなどが混在して目と耳に飛び込んできます。もし、時間的にずれている情報を結び付けてしまうとしたら、目の前の人の口の動きと別の人の話し声がひとまとまりに捉えられてしまい、何を言っているのかわからないということにもなりかねません。

現時点では、「だからこう解決すべきだ」と提示できるわけではありませんが、「なぜ苦手なのか？」「脳の中ではどんなことが起きているのか？」「各部位がどのような感覚に陥っているのか？」といったところをさらに細かく研究していくことで、解決の道筋につながるヒントを見出せればと思っています。

当事者、周囲、社会にできること

当事者の方々にお伝えしたい3つのこと

では、発達障害の当事者、保護者など周囲の方々、そしてその方々を取り巻く社会環境としてなにを考え、どのように行動し、どんなふうに変化していけば、誰もがより暮らしやすくなるのでしょうか？

それぞれについての私見を述べさせていただきます。

まず、**発達障害の当事者**の方々について。

1つめは、**同じような特徴を持つ方々とつながる**ということです。なぜなら、発達障害の当事者は非常に孤立しやすい状況にあるからです。

最近は、「発達障害カフェ」あるいは「発達カフェ」と呼ばれる、発達障害を抱える人やグレーゾーンの人、またその近親者などが中心に集まるカフェが全国に出来始めています。こういった場では、自分らしく過ごすこともでき、また同じような特徴を持った人との交流や情報交換が可能です。

また、SNSを通じて、同じような特徴を持つ方々の輪に加わるのもいいと思います。自分と同じような特徴を持つ方々が、どのような悩みを抱えているのかを知ることができますし、自分が日常生活でうまくいかないことをうまくやるためのヒントも得られます。また、自分の悩みは発達の特性によるものなのだと認識できると、精神的に救われ、安心できる部分もあるからです。

2つめは、**ウェアラブルデバイスなどを活用し、自分自身の記録をとり、その記録をもとに振り返りを行う**ことです。最近の Apple Watch などは、最初に必要なアプリをインストールすれば、あとは身につけておくだけで、心拍数がリアルタイムでわかったり、心電図が見える化されたりするようです。

こういったものを活用し、例えば心拍数を常時チェックできる体制を整えたとします。そして、自分の心拍数が上昇した場面を記録しておきます。その後、「なぜあのとき自分の心拍数が上がったのか？」を振り返ってみます。周囲の騒音の大きさだったのか、照明の強さだったのか、多くの人から見られていたからなのか……記録を集積していくと「自分の健康を乱す、自分にとって苦手な状況」が自分自身でだんだんと把握できるようになってきます。

3つめは、2つめとも関連しますが、**「自分の健康を乱す、自分にとって苦手な状況」を避けるための対策や準備を実行する**ことです。

例えば「騒音の大きなところに行くと、不快な気持ちになる」というのであれば、できる限りそのような場所に行くことは避けるようにする。そんなふうにご自身の健康を保つための〝マイルール〟を作成していくわけです。

ちなみに、発達障害の当事者の方々から「季節の変わり目や、天気が崩れたときに体調をくずす」という声も多く聞きます。気温の急激な変化によるものなのか、気圧の急激な変化によるものなのかはまだ明らかになっていませんし、個人差もあるところなのですが、もしも記録をとってきて「自分は急に寒くなると必ず体調をくずしているな」という傾向がわかれば、対策が打てますよね。例えば、仕事をしている人であれば、週間天気予報をチェックしておき、「今週の後半は急に寒くなりそうだな。体調をくずして、仕事があまりできなかったり、仕事を休んだりする可能性があるかもなあ」などとイメージしておけば、仕事のペースを考えたり、よりいっそう健康管理に努めたりできるようになります。

保護者の方々にお伝えしたい2つのこと

保護者の方々、特に発達障害の当事者のお子さんに寄り添っていらっしゃる親御さんにお伝えしたいのは次の2つのことです。

1つめは、**親子で孤立してしまわないよう、頼るべきところにはどんどん頼った方がいい**ということです。

発達障害の当事者の方々も孤立しやすいのですが、当事者のお子さんに寄り添っていらっしゃる親御さんの中には、親子で孤立してしまっている方も見られます。例えば、指定日に親子で医療機関へ赴く以外に他人との接触の機会がないといったような生活です。

では、いったいどこに相談すればいいのか？

まずは、市区町村の役所の障害者支援課の窓口です（地域により少し名称が違います）。お住まいの地域でどのような機関に頼ればいいかをアドバイスしてくれたり、役所によっては臨床心理士さんが話を聞いてくれたりもします。

もう1つは、保護者会です。子育ての先輩方がさまざまな情報をお持ちです。「こういう機関とつながるといいよ」「この学校はすごく丁寧に接してくれるよ」といった、実体験に裏打ちされた情報を提供してくれるはずです。

保護者の方々にお伝えしたいことの2つめ。それは、**ご自身の心身が疲弊してしまわないよう、趣味などの場に参加する**ことです。

子育てを続けていく上で、親御さんの息抜きの時間、個人の楽しみを味わう場というものが必要です。また、「いろいろな人とつながっている」という実感が、安心・安全の気持ちを与えてくれたり、頑張りの源泉になったり……といったように、心がより安定しやすくなります。

基礎研究から臨床・支援への連携

今後、発達障害の研究は、さまざまな関係者と連携をとりながら、より横断的に行われるべきだと私は考えており、自分自身もそのような方向で活動していきたいと思っています。

すでにアメリカ、オーストラリアなどでは、1つの大きな研究組織が束ね、基礎研究から臨床、特別支援教育、就労支援といった応用領域の研究を行う——といった形が見受けられます。ある研究をしようとした際、臨床家たちの協力を得てすぐに実験参加者を募って研究ができ、また臨床や教育現場・就労現場からのフィードバックも得やすいという、非常に素晴らしい循環が起きています。

私たちの実験に協力・参加してくださった発達障害の当事者の中には「この実験はどのように役立つのですか？」という疑問をお持ちの方もいらっしゃいます。そういった方々に「こういった形で活かされていますよ」とお伝えしていきたい。そうすれば、実験に協力・参加してくださった方、発達障害で悩んでいる方々や保護者の方々、発達障害関係の仕事に従事する方々（研究者や臨床の現場にいる方々）、すべての人にとって良い結果をもたらすことができると思うのです。

研究の成果は発達障害の当事者に還元されなければ意味を持ちません。研究と医療が安定したシステムのもとに連携をとっているという形を目指したいです。

≫さいごに

発達障害の当事者の方々は、裏表がなく、総じて非常に純粋という印象を私自身は持っています。何事にも一生懸命で、決して手を抜いたりしているわけではありません。

しかし、感覚の問題を抱えていたり、体調をくずしやすかったりするため、周囲からは

「サボっている」「わがままだ」と誤解されてしまうことが多いのが現状です。そういう生きづらさを抱えながらも、周囲に合わせて、なるべくうまくやろう、なるべく迷惑をかけずに頑張ろう……そんなふうに気を遣いながら毎日を過ごしていらっしゃる方が多いのです。

純粋であるがゆえに、いろいろなことで傷つきやすいのです。人とのコミュニケーションに不安を抱いている方もいらっしゃるし、うまくいかなかった経験で落ち込んでばかりの人もいらっしゃいます。

私は、そういった人たちが活躍できる社会を創りたいです。

発達障害の当事者の方々の不安を増幅するばかりの社会でいいのか？ いいわけがありません。今の社会で求められるのは「周りと合わせられる人」。けれどもそれでは、うつ病や不安障害といった二次障害へと追い込まれるばかりです。その息苦しい社会を変えていくには、家庭、学校、職場といった日々の暮らしの空間・時間の中で「誰もが違う」という前提のもとに「誰もが自分らしく生きる」ためのやり方を探っていく。そして、発達障害の当事者の方々の自己肯定感を下げるような考え方や言動をできるだけ減らしていくことが重要なのです。

本当は人間誰しも、得手・不得手があるわけです。得意なことがない人なんて存在しません。すべての人間が得意を発揮する社会を実現するために、越えなければならないハードルはいくつもあることはわかっています。でも、それぞれの得意を活かし、お互いの苦手を補い合う、共生の社会がやはり理想的で、その実現のためにさまざまな理解を促進したいと私は考えています。

主な引用・参考文献

第1章　そもそも発達障害とは

APA. (2013) Diagnostic and statistical manual of mental disorders (5th ed.). Arlington, VA: American Psychiatric Association.

第2章　最新研究でわかった発達障害の人が見ている世界

Green, D., Chandler, S., Charman, T., Simonoff, E., & Baird, G. (2016) Brief report: DSM-5 sensory behaviours in children with and without an autism spectrum disorder. J Autism Dev Disord, 46(11), pp.3597-3606.

Taylor, M. J., Gustafsson, P., Larsson, H., Gillberg, C., Ludström, S., & Lichstenstein, P. (2018) Examining the association between autistic traits and atypical sensory reactivity: a twin study. J Am Acad Child Adolesc Psychiatry, 57(2), pp.96-102.

Dunn, W. (1997) The impact of sensory processing abilities on the daily lives of young children and their families: a conceptual model. Inf Young Child, 9(4), pp.23-35.

Tomchek, S. D., & Dunn, W. (2007) Sensory processing in children with and without autism: a comparative study using the short sensory profile. Am J Occup Ther, 61(2), pp,190-200.

Kornmeier, J., Wörner, R., Riedel, A., & van Elst, L. V. (2017) A different view on the Necker cube—Differences in multistable perception dynamics between Asperger and non-Asperger observers. PLOS ONE, 12(12):e0189197.

Happé, F. G. (1996) Studying weak central coherence at low levels: children with autism do not succumb to visual illusions. A research note. J Child Psychol Psychiatry, 37, pp.873-877.

Ishida, R., Kamio, Y., & Nakamizo, S. (2009) Perceptual distortions of visual illusions in children with high-functioning autism spectrum disorder. Psychologia, 52, pp.175-187.

Happé, F. (1999) Autism: cognitive deficit or cognitive style? Trends Cogn Sci, 3(6), pp.216-222.

Mottron, L., Dawson, M., Soulières, I., Hubert, B., & Burack, J. (2006) Enhanced perceptual functioning in autism: an update, and eight principles of autistic perception. J Autism Dev Disord, 36(1), pp.27-43.

Umesawa, Y., Matsushima, K., Atsumi, T., Kato, T., Fukatsu, R., Wada, M., & Ide, M. (2020) Altered GABA concentration in brain motor area is associated with the severity of motor disabilities in individuals with autism spectrum disorder. J Autism Dev Disord, 50(8), pp.2710-2722.

Umesawa, Y., Atsumi, T., Chakrabarty, M., Fukatsu, R., & Ide, M. (2020) GABA concentration in the left ventral premotor cortex associates with sensory hyper-responsiveness in autism spectrum disorders without intellectual disability. Front Neurosci, 14(482).

Khan, S., Michmizos, K., Tommerdahl, M., Ganesan, S., Kitzbichler, M. G., Zetino, M., et al. (2015) Somatosensory cortex functional connectivity abnormalities in autism show opposite trends, depending on direction and spatial scale. Brain, 138(pt 5), pp.1394-1409.

Cascio, C., McGlone, F., Folger, S., Tannan, V., Baranek, G., et al. (2007) Tactile perception in adults with autism: a multidimensional psychophysical study. J Autism Dev Disord, 38(1), pp.127-37.

Tannan, V., Holden, J. K., Zhang, Z., Baranek, G. T., & Tommerdahl, M. A. (2008) Perceptual metrics of individuals with autism provide evidence for disinhibition. Autism Res, 1(4), pp.223-230.

Buhusi, C. V., & Meck, W. H. (2005) What makes us tick? Functional and neural mechanisms of interval timing. Nat Rev Neurosci, 6(10), pp.755-765.

Ide, M., Yaguchi, A., Sano, M., Fukatsu, R., & Wada, M. (2019) Higher tactile temporal resolution as a basis of hypersensitivity in individuals with autism spectrum disorder. J Autism Dev Disord, 49(1), pp.44-53.

Ide, M., Atsumi, T., Chakrabarty, M., Yaguchi, A., Umesawa, Y., Fukatsu, R., & Wada, M. (2020) Neural basis of extremely high temporal sensitivity: insights from a patient with autism. Front Neurosci, 14(340).

第3章　発達障害の人の苦しみを知る

Makin, T. R., Holmes, N. P., & Ehrsson, H. H. (2008) On the other hand: dummy hands and peripersonal space. Behav Brain Res,191(1), pp.1-10.

Cascio, C., McGlone, F., Folger, S., Tannan, V., Baranek, G., et al. (2007) Tactile perception in adults with autism: a multidimensional psychophysical study. J Autism Dev Disord, 38(1), pp.127-37.

Vasa, R. A., Carroll, L. M., Nozzolillo, A. A., Mahajan, R., Mazurek, M. O., et al. (2014) A systematic review of treatments for anxiety in youth with autism spectrum disorders. J Autism Dev Disord, 44(12), pp.3215-3229.

Nimmo-Smith, V., Heuvelman, H., Dalman, C., Lundberg, M., Idring, S., et al. (2020) Anxiety disorders in adults with autism spectrum disorder: a population-based study. J Autism Dev Disord, 50(1), pp.308-318.

Roelofs, K. (2017) Freeze for action: neurobiological mechanisms in animal and human freezing. Philos Trans R Soc Lond B Biol Sci, 372(1718):20160206.

Herrington, J. D., Maddox, B. B., McVey, A. J., Franklin, M. E., Benjamin, E. Y., et al. (2017) Negative valence in autism spectrum disorder: the relationship between amygdala activity, selective attention, and co-occurring anxiety. Biol Psychiatry Cogn Neurosci Neuroimaging, 2(6), pp.510-517.

Chakrabarty, M., Atsumi, T., Kaneko, A., Fukatsu, R., & Ide, M. (2021) State anxiety modulates the effect of emotion cues on visual temporal sensitivity in autism spectrum disorder. Europe J Neurosci, 54(2), pp.4682-4694.

Umesawa, Y., Atsumi, T., Fukatsu, R., & Ide, M. (2020) Decreased utilization of allocentric coordinates during reaching movement in individuals with autism spectrum disorder. PLOS ONE, 15(11):e0236768.

Hull, L., Petrides, K. V., & Mandy, W. (2020) The female autism phenotype and camouflaging: a narrative review. Rev J Autism Dev Disord, 7, pp.306-317.

第４章　発達障害の人と共によりよく暮らすには

Baron-Cohen, S., Johnson, D., Asher, J., Wheelwright, S., Fisher, S. E., et al. (2013) Is synaesthesia more common in autism? Mol Autism, 4(40).

Neufeld, J., Roy, M., Zapf, A., Sinke, C., Emrich, H. M., et al. (2013) Is synesthesia more common in patients with asperger syndrome?

Front Hum Neurosci, 7(847).

Mottron, L., Peretz, I., & Ménard, E. (2000) Local and global processing of music in high-functioning persons with autism: beyond central coherence? J Child Psychol Psychiatry, 41(8), pp.1057-1065.

Dohn, A., Garza-Villarreal, E. A., Heaton, P., & Vuust, P. (2012) Do musicians with perfect pitch have more autism traits than musicians without perfect pitch? An empirical study. PLUS ONE, 7(5):e37961.

Wang, L., Pfordresher, P. Q., Jiang, C., & Liu, F. (2021) Individuals with autism spectrum disorder are impaired in absolute but not relative pitch and duration matching in speech and song imitation. Autism Res, 14(11), pp.2355-2372.

O'Riordan, M. A., Plaisted, K. C., Driver, J., & Baron-Cohen, S. (2001) Superior visual search in autism. J Exp Psychol Hum Percept Perform, 27(3), pp.719-730.

Bertone, A., Mottron, L., Jelenic, P., & Faubert, J. (2005) Enhanced and diminished visuo-spatial information processing in autism depends on stimulus complexity. Brain, 128(10), pp.2430-2441.

Foss-Feig, J. H., Tadin, D., Schauder, K. B., & Cascio, C. J. (2013) A substantial and unexpected enhancement of motion perception in autism. J Neurosci, 33(19), pp.8243-8249.

Mottron, L. (2011). The power of autism. Nature, 479, pp.33-35.

終章　発達障害者が活躍できる社会に

Stevenson, R. A., Siemann, J. K., Schneider, B. C., Eberly, H. E., Woynaroski,. T. G, Camarata, S. M., & Wallace, M. T. (2014) Multisensory temporal integration in autism spectrum disorders. J Neurosci, 34(3), pp.691-697.

著者略歴

井手正和（いで・まさかず）

国立障害者リハビリテーションセンター研究所脳機能系障害研究部研究員。立教大学大学院現代心理学研究科博士課程後期課程修了。博士（心理学）。現所属の流動研究員、日本学術振興会特別研究員PDなどを経て、現職。専門は実験心理学、認知神経科学。学位取得後からASD者の知覚の研究を開始し、MRIによる非侵襲脳機能計測手法を取り入れることで、感覚過敏や感覚鈍麻が生起するメカニズムの解明を目指す。アウトリーチや執筆を通してASD者の感覚の問題についての科学的な理解促進に取り組む。著書に『科学から理解する自閉スペクトラム症の感覚世界』（金子書房）がある。

SB新書　602

発達障害《はったつしょうがい》の人《ひと》には世界《せかい》がどう見《み》えるのか

2022年12月15日　初版第1刷発行

著　者　井手正和《いでまさかず》

発行者　小川 淳

発行所　SBクリエイティブ株式会社
〒106-0032　東京都港区六本木2-4-5
電話：03-5549-1201（営業部）

装　丁　杉山健太郎
本文デザイン　荒木香樹
ＤＴＰ　株式会社ローヤル企画
本文イラスト　石川香絵（サイドランチ）
図版作成　株式会社三協美術
編集協力　高橋淳二
印刷·製本　大日本印刷株式会社

本書をお読みになったご意見・ご感想を下記ＵＲＬ、
または左記ＱＲコードよりお寄せください。

https://isbn2.sbcr.jp/17950/

落丁本、乱丁本は小社営業部にてお取り替えいたします。定価はカバーに記載されております。本書の内容に関するご質問等は、小社学芸書籍編集部まで必ず書面にてご連絡いただきますようお願いいたします。

ISBN 978-4-8156-1795-0